# LE DÉLIT

de

# CONTAMINATION

## INTERSEXUELLE

par

## Louis FIAUX

Ancien Membre du Conseil municipal de Paris,
Vice-Président de la branche française de la Fédération
pour l'abolition de la Police des mœurs.

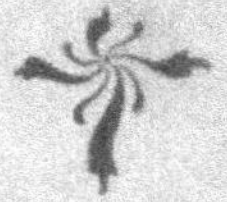

PARIS

FÉLIX ALCAN, ÉDITEUR

108, boulevard Saint-Germain, 108

—

1907

# LE DÉLIT PÉNAL

# DE CONTAMINATION

## INTERSEXUELLE

# LE DÉLIT PÉNAL

de

# CONTAMINATION

## INTERSEXUELLE

par

## Louis FIAUX

Ancien Membre du Conseil municipal de Paris,
Vice-Président de la branche française de la Fédération
pour l'abolition de la police des mœurs.

PARIS
FÉLIX ALCAN, ÉDITEUR
108, boulevard Saint-Germain, 108

—

1907

# LE DÉLIT PÉNAL

de

# CONTAMINATION INTERSEXUELLE

## AVERTISSEMENT

*Le délit civil de contamination. — Historique de la théorie du délit pénal de contamination. — Thèse du risque dans les relations sexuelles.*

Le lecteur, même incidemment averti, n'ignore pas qu'à la suite de l'*Affaire Forissier*, le Gouvernement a nommé, le 18 juillet 1903, une *Commission extraparlementaire du Régime des mœurs*, chargée d'étudier les réformes susceptibles d'être appliquées à l'institution de la Police des mœurs.

Cette Commission, dont les travaux sont terminés, n'a pas cru la Police des mœurs susceptible de réforme ni même d'amélioration: elle a voté son abolition pure et simple, estimant qu'un régime d'exception appliqué à un seul sexe était, au point de vue de la morale extérieure et du droit, une iniquité, au point de vue de l'hygiène, l'organisation ou tout au moins la sanction de la contagion, puisque dans le premier ordre d'idées la femme seule était frappée, dans le second l'homme restait toujours maître de propager le mal sans aucun dommage personnel.

La Commission, à ce régime jugé depuis longtemps sur ses mauvaises œuvres, substitue un régime de droit commun dont les deux principaux traits, les deux termes extrêmes, sont : *1º le délit de racolage scandaleux; 2º les délits civil et pénal de contamination intersexuelle*, délits naturellement applicables aux personnes des deux sexes, sans distinction de condition ni d'état.

Nous n'avons pas à nous étendre ici sur le délit civil spécial passé depuis longtemps dans la jurisprudence quand il s'agit des contaminations entre nourrices et nourrissons et inversement. Le délit de contagion, sous cette forme, a été facilement accepté des tribunaux parce que la voie par laquelle la contagion avait été opérée (la porte d'entrée, selon l'expression imagée), ne pouvait pas faire incriminer les mœurs de la victime (1).

Quand il s'agit de l'épouse contaminée par le mari, la jurisprudence a été — chose singu-

---

(1) V. 3ᵉ partie du volume, p. 150-151, 166.

lière — plus longue à s'établir, et elle a même été quelque temps contradictoire. La communication du mal n'a pas toujours été considérée comme suffisante pour entraîner la séparation de corps, bien qu'elle attestât, tout au moins dans beaucoup de cas (ceux dans lesquels le mari s'est fait contaminer après le mariage), l'évidence de l'adultère et des offenses graves envers l'épouse. Ici l'origine du mal chez la victime, bien qu'intersexuelle, était cependant « honnête », pour employer la terminologie courante.

Aujourd'hui, dans le cas conjugal, il y a lieu à réparation pécuniaire ; de plus, par le jugement de séparation ou de divorce, l'épouse lésée obtient toujours très justement, outre une très notable rente viagère ou un capital une fois versé, sa libération (1). Mais, remarquons-le, il ne s'agit, dans cette dernière variété de syphilisation intersexuelle, que de cas de contamination *dans le mariage*.

Un jugement désormais célèbre, rendu le 29 janvier 1903 par l'éminent jurisconsulte qu'est le président du tribunal civil de la Seine, l'honorable M. Ditte, consacre l'extension

---

(1) V. 3ᵉ partie du volume, p. 170-174, 175-179.

de cette jurisprudence, d'une portée sociale efficace, à la protection de la femme *hors mariage*,
quand la preuve de la contamination intersexuelle peut être pertinemment fournie au juge.

La question du délit civil de contamination,
ainsi complétée, paraît donc résolue.

Reste la question du délit pénal.

Dès que ce délit nouveau a été voté par la
Commission extraparlementaire comme complé-
ment du système juridique de protection de la
santé publique, et surtout quand on a compris
que son objectif pratique était la destruction
rationnelle de la Police des mœurs, l'attention
de tous ceux qui suivent de près le mouvement
des réformes sociales dans quelque voie qu'il se
manifeste, s'est plus encore éveillée, et l'on nous
a fait l'honneur de divers côtés de nous demander la genèse de cette forme nouvelle de l'intervention protectrice de la loi.

La loi, telle que la Commission l'a votée, est
ainsi formulée :

« Les pénalités prévues par les articles 309,
310, 311, 319 et 320 du Code pénal, sont applicables, suivant les distinctions y contenues, à
la communication des maladies vénériennes.

» La poursuite ne pourra être exercée que sur la plainte des personnes intéressées, lesquelles pourront toujours et jusqu'au jugement définitif en arrêter l'effet (1). »

M. le sénateur René Bérenger et M. Denis, conseiller à la Cour de cassation, étaient, dans la Commission, les auteurs de la proposition qui a été appuyée, amendée, préparée et mise au point, entre autres membres, par des magistrats et par des professeurs tels que M. A. Le Poittevin, professeur de droit pénal à la Faculté de droit; M. Feuilloley, avocat général près la Cour de cassation; M. Saint-Aubin, directeur des affaires criminelles et des grâces au Ministère de la Justice; M. Bulot, procureur général

---

(1) On remarquera que l'article englobe *l'ensemble des maladies vénériennes* et ne s'en tient pas à la maladie syphilitique, « l'*Avarie* », comme on dit aujourd'hui.

Sont donc punis dans la législation instaurée par la Commission : 1° la contamination *volontaire, intentionnelle, préméditée* (à l'adresse d'une victime déterminée), mode de transmission criminelle moins rare qu'on ne croit dans les faits et gestes de la prostitution de débauche; 2° la contamination *consciente*, c'est-à-dire opérée par une personne *se sachant* malade et *contagieuse*; 3° la contamination *par imprudence*, opérée par une personne ou ne se sachant pas malade, ou ignorant la nature de son mal, ou ayant plus ou moins lieu de se croire guérie.

L'échelle des peines répond à la gravité des cas, comme dans toutes les espèces du droit pénal.

Les circonstances atténuantes (art. 463 C. p.) et la loi du 26 mars 1891 (sursis à l'application des peines), figurent naturellement et largement dans le système nouveau.

à la Cour d'appel; M. Charles Gide, professeur à la Faculté de droit.

Le texte ci-dessus est celui qui a été présenté et aussi éloquemment que savamment défendu par M. le professeur A. Le Poittevin (1).

En réalité le délit pénal — du fait même de son adoption par la Commission extra-parlementaire — se trouve donc proposé au Parlement par une assemblée composée en immense majorité de personnages officiels et cependant excellemment libéraux de tendances et réformistes de décisions.

Déjà le délit pénal de contamination avait été présenté dans une assemblée dont le libéralisme est la devise, le statut unique, la *Fédération abolitioniste de la Police des mœurs*. En mai 1901, au Congrès tenu par cette puissante association à Lyon, nous avions étudié dans un travail et un projet de loi destinés à la discussion publique, le principe, les motifs, l'application de ce délit, et la *Fédération* l'avait — sans l'adopter — retenu pour les débats du moment et de ses futures conférences.

---

(1) V. à l'*Appendice*, le Rapport de M. le Pr Le Poittevin à la Commission du Régime des mœurs sur le délit pénal de contamination et le texte des articles du Code pénal visé par la future loi (p. 235-242). V. p. 220-226, une analyse du *délit conscient*.

Quelles étaient, pour le présentateur du projet, la signification et surtout la portée réelle du nouveau délit, étant considéré le milieu libéral où il était pour la première fois étudié?

C'est ce que nous voudrions indiquer d'un mot ici, avant de soumettre au lecteur le mémoire initial et le projet de loi, dont on nous a demandé de divers côtés les textes exacts.

L'idée première du délit remonte, chez le présentateur, aux observations de sa jeunesse même.

Étudiant la médecine à Paris, au milieu de cette population nombreuse de jeunes gens dont la vie intellectuelle et passionnelle donne au quartier des Écoles, « le mont Latin », comme disaient les studieux écoliers d'antan, une physionomie si intéressante et si caractéristique, nous fûmes frappé de suite de ce double fait contradictoire que l'exercice de la fonction sexuelle était tantôt interrompu, cessé à cause des maladies spéciales, tantôt repris ou continué malgré leur persistance.

La moralité des malades plus que leur gêne physique était l'unique régulateur de leur conduite, et, qu'il s'agît de la plus légère de ces maladies ou de la plus grave d'entre elles, un certain nombre de ces jeunes gens — et ils

étaient encore assez nombreux — se soignant peu
ou prou, non encore guéris, passaient outre !

Beaucoup de malades dans les hôpitaux pré-
sentaient le même état d'esprit et tenaient la
même conduite.

Le méprisant dégoût que nous inspiraient
les filles publiques (la prime jeunesse n'est pas
encore l'âge de la pitié qui raisonne), au contact
desquelles nous voyions prendre ces maladies,
ne nous empêchait pas de juger sévèrement ceux
d'entre les jeunes gens qui allaient ainsi, la plai-
santerie aux lèvres, essaimant, répandant le mal
dont l'éclaboussure retombait ensuite sur des
jeunes filles, faciles sans doute mais ignorantes,
et de là ricochait sur leurs propres camarades.

Ce qui nous frappa le plus en ces temps
déjà si estompés dans un passé lointain —
c'était aux dernières années de l'Empire — ce
fut de voir que la syphilis elle-même, en pleine
floraison, n'était pas chez nombre de jeunes gens
un obstacle à la recherche des femmes.

Dès ce moment, plusieurs cas nous passèrent
sous les yeux, bien propres à révolter : c'étaient
des hommes, des étudiants, de jeunes ouvriers
qui s'en étaient rendus coupables.

Le premier que nous vîmes fut en 1867, celui
d'une belle jeune fille de 18 ans qu'un étudiant

en droit avait en même temps déflorée et rendue syphilitique : elle était entrée à la Charité
dans le service de Velpeau. Plaie de virginité,
plaie de syphilis étaient toutes deux béantes et
saignantes. Le vieux maître, qui aimait la jeunesse, ne se montrait avec ses élèves ni gron-
deur ni formaliste, avait sur les lèvres la plai-
santerie ou l'anecdote même libres, eut, ce
jour-là, des paroles bien dures pour le coquin
qui s'était rendu coupable du méfait.

Deux ans après, à la Pitié, en 1869, cantonné
dans des salles de malades atteints de variole,
nous avions remarqué l'infirmière du service
pour sa jeunesse, sa beauté et aussi la vaillance
avec laquelle elle donnait ses soins aux dangereux malades atteints par l'épidémie qui devait
aller croissant durant la triste année 1870. Le
chef du service, le D<sup>r</sup> Moland, et son interne
Quinquaud convenaient qu'on voyait rarement
un tel zèle dans une corporation que l'instruction et l'éducation spéciales n'avaient point
encore faite ce qu'elle est aujourd'hui. Nous
demandâmes un jour à cette fille pourquoi,
avec son intelligence et sa bonne tenue, elle
n'avait point cherché ailleurs que dans une
salle d'hôpital, dans un milieu de malades contagieux où elle pouvait se défigurer, une place

que son travail n'eût pas manqué de rendre autrement fructueuse : « Je ne puis pas, nous répondit-elle ; je suis entrée à la Pitié parce que j'ai *la maladie* ; j'étais couturière ; le chef de service qui a eu la bonté de me faire admettre comme infirmière, m'a dit que je reprendrais mon ancien métier quand je serais guérie. C'est un étudiant en médecine qui m'a rendue malade... Il vient tous les matins à l'hôpital... Tenez, le voilà qui passe dans la cour ! » Je regardai à travers la vitre... C'était un camarade d'un an plus avancé, connu de nous, un ami de table de dissection. « C'est pas gentil, ce qu'il a fait là ! » ajouta la pauvre fille tristement et simplement.

A trois reprises, d'abord en 1870, puis en 1873, plus tard en 1880 à Lourcine et à la Charité dans les services d'Armand Després, de Gosselin et de L. Martineau, nous vîmes mieux encore.

Dans le service de Després, en 1870, nous vîmes *quatre jeunes filles*, (deux d'entre elles avaient, l'une 16 et l'autre 17 ans), *toutes quatre contaminées de syphilis par le même drôle* : elles furent un instant réunies dans la même salle ; elles ne se connaissaient pas auparavant. Le coupable était un jeune ouvrier de 24 ans.

Chez Gosselin, à la Charité, nous vîmes deux jeunes femmes également atteintes de syphilis; elles avaient été toutes deux contaminées par un vieux militaire, *syphilitique récent*, atteint — détail curieux — des accidents initiaux à 65 ans.

Enfin chez Martineau, à Lourcine, en 1880, nous vîmes trois jeunes filles et femmes syphilisées *par le même homme*; fait inoubliable, ce même individu avait syphilisé antérieurement *trois autres* malheureuses qui vinrent se faire soigner dans le même service. Martineau avait recueilli lui-même cette *sextuple* observation de contamination féminine *ayant le même et identique point de départ masculin*, tant elle lui semblait topique (1). Le coupable, connu, était ici encore un jeune ouvrier ou petit commis.

Étudiant ou jeune médecin, ces souvenirs récents et anciens nous hantaient pendant que M. Yves Guyot ouvrait dès 1876 au journal *la Lanterne* ses belles campagnes de publiciste de courage et d'idées réformistes.

Ce qui nous avait offensé, c'était moins le nombre de ces observations disséminées au

----

(1) *De la propagation de la syphilis et de sa prophylaxie.* (Broch. de 12 p. Typog. Félix Malteste, Paris 1881.) Le fait y est consigné p. 11.

cours des années que leur caractère saisissant et leur même détail. Dans toutes, nous avions retrouvé le même cruel mépris de la femme chez les contaminateurs, qu'il s'agît de jeunes gens appartenant à la classe bourgeoise, d'étudiants, futurs médecins ou avocats, ou bien de jeunes gens appartenant au monde ouvrier ; qu'il s'agît même d'un homme avancé dans la vie, d'un vieillard. Chez les uns comme chez les autres, c'était la même indifférence coupable à répandre une maladie destinée à pulluler sous les pas et par tous les gestes des victimes mêmes.

Les articles, les brochures d'Yves Guyot ne faisaient qu'aviver le sentiment de révolte causé par ces actes mauvais, par ces délits...

Délit ! le mot avait été prononcé, il y avait déjà longtemps : il était courant dans les hôpitaux de vénériens, et de vénériennes surtout, avant la chute même de l'Empire. Armand Desprès, que l'on a connu député de Paris, dont on raillait la mentalité parfois un peu primesautière et les thèses chirurgico-thérapeutiques attardées (singulier contraste !) — mais qui était aussi un esprit très intéressant d'originalité et un cœur généreux, réclamait dès 1870, dans ses leçons d'agrégé et dans une brochure (1), la punition non pas seulement civile mais pénale des contaminateurs. C'était le spectacle des contagions d'origine masculine qui l'avait   ené à cette conclusion.

Comment protéger les femmes? Ainsi se posait la question. Cette préoccupation, combien l'avons-nous souvent retrouvée, chez les médecins de noble humanité que sont toujours les médecins en contact avec les populations ouvrières? Nous venons de la rencontrer hier encore chez des hommes éminents comme les professeurs Alfred Fournier, Gaucher, Landouzy qui, avec des doctrines diverses, offrent tous ce trait commun d'une belle sollicitude pour ces malheureuses, échouées à l'hôpital, honteuses, abandonnées, trompées, brisées, gâtées, écrasées au hasard des aventures; à qui il ne reste pour unique refuge — Saint-Lazare esquivé — que le lit mendié à la consultation publique de l'Assistance et pour unique consolation que la parole pitoyable du médecin des pauvres!

_____________

(1) *Est-il un moyen d'arrêter la propagation des maladies vénériennes? Du délit impuni?* (Broch. de 36 p. ; J.-B. Baillière et fils, Paris 1870.) Voir du même, annexe n° 2 : Documents relatifs à la police des mœurs réunis par la Commission municipale de la police des mœurs (Imp. municipale, 1879, in-8° de 4 p.).

Oui, comment protéger les femmes contre le vilain partenaire, le contaminateur, — l'autre?

« Et l'autre! le contaminateur! où donc est l'autre? demande en cet instant un maître de droit non moins humain que ces grands médecins.

« Où est-il? s'écrie le professeur Charles Gide (1). Vous pouvez être sûr qu'il n'est emprisonné ni dans un Saint-Lazare, ni soumis à la visite médicale, ni pourchassé par des sergents de ville. Ce n'est pas là que vous devez le chercher! Mais vous le trouverez partout où l'on s'amuse, dans l'atelier, au café, dans la basse société, et aussi dans le monde, peut-être fiancé à quelque charmante héritière; peut-être dans les milieux les plus respectables. Vous le trouverez parmi ceux qui rendent la justice, parmi ceux qui font les lois, parmi ceux qui enseignent la morale laïque et même religieuse!... La loi ne le punit pas; sa conscience l'absout et l'opinion publique même lui sourit!... »

---

(1) Dans son éloquent discours à l'Assemblée générale de *l'Œuvre libératrice* (Conférence de 1905).

*L'Œuvre libératrice*, fondée par M<sup>me</sup> Avril de Sainte-Croix, est une œuvre d'humanité, de reclassement et de réhabilitation en faveur des jeunes filles et femmes tombées, qui fonctionne depuis cinq années à Auteuil. Son établissement principal est à Auteuil, 94, rue Boileau; son siège social est à Paris, avenue Malakoff, 1 (XVI<sup>e</sup> arr<sup>t</sup>).

Comment protéger les femmes, encore une fois?

Quand le contaminateur a des ressources personnelles, appartient à une famille dans l'aisance ou riche, le délit civil emportera réparation pécuniaire, et la honte du procès pourra, par surcroît, suffire; mais quand le misérable n'a pour tout bien garant que sa syphilis même, et pour tout remords que sa joie méchante ou son indifférence d'inhumanité à la répandre, comment l'entraver, comment le punir?

Dès qu'en 1899, la Conférence internationale de prophylaxie, due à l'initiative de l'éminent hygiéniste bruxellois, le D\u1d63 Dubois Havenith, eut montré la préoccupation officielle des gouvernements de réaliser une prophylaxie morale et médicale rationnelle, dès qu'il parut que la discussion de la police des mœurs sortait enfin de la phase de critique et de combativité pour entrer dans l'étude des voies et moyens applicables, en un mot dès qu'à un système d'arbitraire un régime de droit commun et de liberté sembla devoir inévitablement succéder, en dépit des obstacles ou des systèmes des néo-réglementaristes tels qu'en suggèrent M. le sénateur Bérenger en France et l'éminent professeur Neisser (de Breslau) en Allemagne, il fallut songer à trouver dans le régime nouveau une sanction effective et à donner aux femmes, par cette sanction, une protection qu'elles n'avaient point encore trouvée hors mariage en matière intersexuelle.

Le délit pénal est né de cette préoccupation.

Le régime nouveau qui sera un régime de liberté doit être également, comme le présentateur du projet à la *Fédération* le dit plus loin, un régime de responsabilité ; la liberté ne va pas sans la responsabilité.

Le projet fut, dans le Congrès de Lyon, diversement accueilli. Plusieurs orateurs le critiquèrent. On lui fit surtout deux objections : on lui objecta la difficulté de la preuve de l'origine de la contamination chez des partenaires présumés tous deux de vie sexuelle libre ; on lui objecta la prédiction que le délit pénal redeviendrait une police des mœurs parce qu'il ne serait appliqué qu'aux femmes seules. A la difficulté de la preuve on ajouta encore le danger de chantage, mais subsidiairement. D'autres orateurs, des médecins, les D<sup>rs</sup> Reboul, de Nîmes, et Jean Lépine, de Lyon, répondirent que la preuve n'était pas si difficile à faire ; qu'en bien des cas — n'en retînt-on que la moitié, un quart — la filiation était facile à établir, le coupable facile à retrouver; ils citèrent des espèces prises dans leur pratique de ville, d'hôpital. On répliqua encore aux objections que c'était précisément nier la loi que la supposer restaurant la police des mœurs en ne s'appesantissant que sur les femmes, en négligeant volontairement les hommes coupables (1).

Le projet de loi d'ailleurs n'avait pas l'amplitude qu'on lui a donnée depuis, et peut-être dans ses termes premiers suffirait-il? Il ne visait que la protection des mineurs des deux sexes, toujours plus particulièrement atteints ou menacés. Le principe d'une protection était posé, mais l'application en était limitée. Il nous avait paru que s'il fallait frapper fort, que s'il fallait frapper haut et bas à travers toutes les classes, il fallait frapper dans un champ restreint, c'est-à-dire frapper peu; des coups rares mais éclatants et portés juste devaient suffire. A ces conditions, le délit pénal nous apparaissait devoir emporter avec lui un retentissement général dans les mœurs et se montrer d'une efficacité réelle.

______

(1) V. *3ᵉ partie* du volume le résumé des objections produites au Congrès de Lyon, p. 245-250.

Au dehors, le délit pénal allait susciter d'importantes discussions parlées ou imprimées, d'autant plus urgentes que l'on s'apercevait — un peu tardivement — que déjà des législations étrangères l'avaient inscrit dans leur code des délits et des peines, telles ces nations si éclairées du nord de l'Europe, le Danemark, la Norvège, la Finlande, tels encore certains cantons de la progressiste et démocratique Suisse (1).

La seconde session de la Conférence internationale de Bruxelles en 1902 inscrivait la discussion des délits civil et pénal de contamination intersexuelle dans son programme : six rapports et de longs débats lui étaient consacrés.

La Société française de Prophylaxie sanitaire

---

(1) *Danemark* : « Toute personne qui, se sachant être ou se soupçonnant être atteinte d'une maladie vénérienne, aura des rapports sexuels avec une autre est punie d'emprisonnement. » (Art. 181 de la loi pénale du 10 février 1866.)

*Norvège* : « Celui qui, connaissant ou présumant chez lui l'existence d'une maladie sexuelle contagieuse, aura contaminé ou exposé à la contamination une autre personne par commerce charnel ou par débauche, sera puni d'emprisonnement (Art. 155 de la loi du 22 mai 1902). Si la personne contaminée est unie par le mariage à la personne contaminatrice, la poursuite n'a lieu que sur la demande de la victime. »

*Finlande* : Le nouveau code pénal (ch. XX, § 13) punit le contaminateur par rapports sexuels de la peine des travaux obligatoires ou de la détention.

*Suisse* : Les lois pénales du canton de Schaffouse (§ 185) et du canton du Tessin (§ 425) présentent des dispositions analogues.

et morale fondée à Paris par le P<sup>r</sup> A. Fournier, votait après débats, le 10 février 1903, la création juridique du délit pénal (1).

Nombre d'écrits paraissaient sur la matière ; deux surtout se distinguaient par l'intérêt de leur observation critique et une adhésion scientifiquement débattue.

M. Lucien Le Foyer d'abord, le jeune et puissant orateur démocrate à qui, quelque jour, une situation importante est réservée au Parlement, basait, dans ses *Conséquences juridiques de la contamination* (2), le délit pénal sur l'évolution même du droit répressif : très scientifiquement, dans une belle entente de la réforme criminaliste marchant de pair avec les réformes de l'éducation, qui toutes deux doivent pétrir l'humanité de demain, M. L. Le Foyer écrivait :

« Le principe du délit nouveau est celui-ci : il y a une évolution de la notion du mal, par suite une évolution des notions de répression civile et de réparation criminelle pour le mal causé à autrui. La notion de maladie tend à ren-

---

(1) « Il y a lieu de créer un délit de transmission des maladies vénériennes, soit que la communication ait été intentionnelle, soit qu'elle ait été le fait d'une imprudence volontaire. »

(2) Brochure de 36 pages (Giard et Brière, éditeurs, Paris 1902) p. 5-6, 29-32, et mémoire à la 2<sup>e</sup> Conférence internationale de Bruxelles.

trer dans la notion du mal et à se confondre avec elle ; par suite, les notions de réparation civile et de répression criminelle tendent à s'attacher à la communication d'une maladie à autrui...

» La maladie cause un préjudice comme la blessure. Le virus notamment est un poison. L'empoisonnement appartient au Code pénal. A la suite de certaines maladies particulières dont la communication présente davantage les caractères évidents d'un attentat à la vie ou à la santé d'autrui, la notion de maladie se *socialise*, c'est-à-dire que cette notion par la réparation se *civilise* et par la répression se *généralise*.

» La contamination s'asseoit sur la même base que le meurtre.

» Tout le monde sait que la criminalité s'oriente vers la pathologie : l'opinion en vient à considérer le crime comme l'effet d'une maladie. Il faudrait ne pas voir qu'un seul côté de la vérité. On doit comprendre qu'en sens inverse la pathologie se dirige vers la criminalité ; l'opinion doit en venir à considérer la maladie comme l'effet d'un crime. Commettre un crime est une maladie ; transmettre une maladie est un crime.

» A vrai dire, la maladie est le crime physique, le crime est la maladie sociale.

» Réparons et réprimons l'un et l'autre. »

A M. Lucien Le Foyer appartient encore d'avoir élucidé ici avec un sens juridique très net la notion de l'imputabilité basée sur une étude bien fouillée de la mentalité spéciale du contaminateur, notion que **M.** Bérenger lui-même, un ancien magistrat, avait laissée incomplète. On saisit l'importance de cette notion pour établir la responsabilité, la déclarer absente, partielle ou entière, catégoriser et graduer les peines tant civile que pénale.

**M.** Le Foyer a rejeté la division de la contamination en contamination « volontaire » et contamination « involontaire » qui avait permis d'assimiler peut-être d'une manière trop simpliste le nouveau délit aux délits anciens de blessures volontaires et involontaires ; il a fait observer avec raison que dans l'espèce la contamination « volontaire » contenait quatre éléments : 1° savoir qu'on est malade ; 2° savoir l'état contagieux des diverses phases topographiques de la maladie (syphilitique) en général ; 3° connaître son état propre ; 4° avoir l'intention de transmettre son mal même. Dans ces conditions, tout en pouvant avoir une existence

et des manifestations réelles, la contamination
« volontaire » était rarissime, et cependant le
contaminateur trop fréquent courait le risque
heureux et certain de n'être jamais atteint par
la loi. A la définition ancienne et classique qui
laisse entendre la volonté précise de contaminer un sujet déterminé, M. Le Foyer a subs-
titué le mot « conscient » en lui donnant toute
sa signification, toute son autonomie et en le
situant dans le cas de la contamination courante.

« La connaissance de la maladie dont on est
atteint, dit M. Le Foyer, jointe à l'absence de
l'intention de nuire, la contamination *non évitée*
à autrui, mais involontaire, constitue la contamination consciente. Ce degré du délit est celui
qui, de beaucoup, se rencontre le plus fré-
quemment. »

A un état délictueux de l'esprit du contaminateur, dont la punition nouvelle prend place
dans le concept social, il faut faire correspondre
la création d'un texte pénal nouveau.

Quant à la contamination « involontaire »
ou *inconsciente*, il faut l'admettre surtout dans
les classes arriérées ; ici le malade peut ignorer qu'il est malade ; que le mal est « tel mal
spécial et transmissible » ; ou le malade peut se
croire inoffensif parce qu'il juge l'accident ini-

tial, les accidents secondaires apparents, insi-
gnifiants ; parce que, ces accidents disparus, il se
croit guéri. Les peines doivent donc ici com-
porter un minimum très inférieur.

C'est après l'intervention de M. Le Foyer à la
Société de prophylaxie que MM. Bérenger et
Fournier ont adopté pour le texte du délit
pénal l'originale formule du délit par « imprudence volontaire ». On a vu précédemment la
formule employée par les lois danoise et norwé-
gienne : « Toute personne qui se sachant être
ou se soupçonnant être atteinte d'une maladie
vénérienne... » et « Celui qui connaissant ou
présumant chez lui l'existence d'une maladie
sexuelle contagieuse... »

M. Édouard Dolléans, nommé récemment
professeur agrégé près les Facultés de droit,
dans son beau livre *La Police des mœurs* (1),
après avoir fait une critique des plus sévères
et des plus savantes de la réglementation, qui
ait paru en France depuis l'ouvrage d'Yves
Guyot (2), aborde l'étude des divers systèmes de

---

(1) *La Police des mœurs* (in 8° de 272 pages, L. Larose, édit.,
Paris, 1903, p. 193 et suiv. ; 216 et suiv.)

(2) La première édition du livre de M. Yves-Guyot, *La Prostitution*, a paru en 1882 (in-18 de 580 p. Bibliothèque Fasquelle-
Charpentier, Paris).

prophylaxie mis en avant pour la remplacer et notamment de la doctrine abolitioniste basée sur le système de la liberté et de la responsabilité.

Et tout d'abord le distingué publiciste rencontre l'objection faite au délit pénal par un de nos plus vaillants et éminents amis, M. Aug. de Morsier, longtemps secrétaire général de la Branche française de la Fédération abolitioniste pendant son séjour en France, présentement député au Grand Conseil du canton de Genève.

Les thèses hardies et à nos yeux dangereuses de M. A. de Morsier sont connues; elles ont eu et sont appelées, croyons-nous, à avoir un retentissement certain quand la question du délit pénal de contamination viendra devant le Parlement et sera discutée ailleurs que dans les Commissions ou les conférences de sociétés savantes, dans le grand public.

Pour M. A. de Morsier, « l'acte sexuel, avec quelque personne qu'il soit pratiqué, comporte un risque de maladie; la maladie comme l'état de santé est un état de nature; conséquemment c'est un malheur inhérent à la constitution des êtres et des choses qu'il faut savoir accepter, sans vouloir greffer sur lui des complications procédurières et répressives. Créer le délit de contamination, c'est créer le délit de maladie. Tout homme qui s'approche d'une femme, et toute femme qui reçoit un homme, doivent se rappeler que leur union peut avoir pour résultat immédiat, fatal, la communication d'une maladie vénérienne, du partenaire antérieurement souillé au partenaire sain. Conséquemment l'individu contaminé n'est pas recevable dans sa plainte, il n'a rien à réclamer du contaminateur; et conséquemment encore — M. A. de Morsier ne l'a pas écrit, mais on est en droit de l'écrire à sa place — il peut, sans danger juridique pour ses intérêts financiers et sa liberté, se conduire vis-à-vis d'une autre personne saine, de toutes autres personnes saines, comme son contaminateur ou sa contaminatrice se sont conduits envers lui. » Non pas que la haute moralité de M. A. de Morsier ne condamne au nom de l'humanité ces divers méfaits et ne les stigmatise du ton le plus sévère, mais sa philosophie se refuse à voir dans cette série de dommages une occasion légitime d'intervention positive pour la loi pénale (1).

---

(1) Nous n'avons pas remarqué que M. A. de Morsier se soit séparé de ceux des abolitionistes qui acceptent en cas de contamination intersexuelle le délit civil emportant dommages-intérêts.

Une logique continue voudrait que la théorie du risque inévitable accepté d'avance, éliminât le délit civil de contamination comme le délit pénal.

Les thèses de M. A. de Morsier contre le délit pénal ont été expo-

M. A de Morsier nie en outre que le délit pénal puisse trouver place dans un code criminel parce qu'il ne trouve pas chez le contaminateur « *l'intention nocive* » ; elle est remplacée, à ses yeux, « *par le pur objectif de la poursuite d'une satisfaction personnelle.* »

Nous fîmes observer de suite à M. A. de Morsier, d'abord qu'il confondait l'état de malade avec l'état de contaminateur. Il faudrait avoir la conception d'un réglementariste qui emprisonne toute femme malade sans s'occuper de savoir si elle est contaminante ou contaminée, récidivante coupable ou seulement victime, pour ériger en délit le fait d'être trouvé atteint d'une maladie vénérienne : le fait en soi ne peut rien faire préjuger quand le malade n'est pas dénoncé en action bisexuelle, provocation publique ou dissimulée, rendez-vous donné ou accepté, rendez-vous accompli. Lorsqu'en un mot une plainte ne vient pas se greffer sur cette série de faits matériels, où voit-on que le délit pénal puisse régulièrement menacer la personne atteinte qui n'a pas semé son mal?

---

sées avec son talent habituel par le distingué publiciste, pendant que nous rédigions notre mémoire pour le Congrès de Lyon, dans le *Supplément social* du *Relèvement social* (journal mensuel dirigé à Saint-Étienne (Loire), par M. L. Comte. V. notamment les numéros de l'*Abolitioniste* des 1er mars, 1er avril, 1er mai 1901).

Nous observâmes ensuite à M. A. de Morsier qu'avec l'excuse invoquée « de l'absence de but intentionnel nocif et de pur objectif de la poursuite d'une satisfaction personnelle », on pourrait arriver à interdire l'arrestation du plus vulgaire voleur et à exiger sa relaxe immédiate au poste de police, avec excuses sur la psychologie rudimentaire des agents... Que recherche le voleur au demeurant ? C'est lui prêter une philosophie sociologique trop profonde que d'imaginer que son intention soit de causer un dommage au volé. Le volé, c'est n'importe qui : cela est égal au voleur qui n'y met ni choix, ni information, ni façon ; le volé est la pauvre ouvrière à qui est prestement enlevé le samedi soir, dans un bureau de tramway, le porte-monnaie contenant le salaire de la semaine ; le volé est le voyageur descendu un instant de wagon, dont le sac de voyage laissé dans le filet offre la probabilité d'un bon coup de main ; le volé, c'est toute une série de braves domestiques dont les chambres et les malles sont fouillées avec effraction au sixième étage de la maison... Le voleur ne demande ni renseignements sur le genre de vie, ni informations sur le nom, l'état civil, la situation plus ou moins fortunée ou misérable du volé, et c'est assurément une préoccupation, qui lui est tout à fait étrangère, de prévoir le trouble plus ou moins grand causé par son vol dans les affaires de sa victime. Le but que le voleur poursuit dans l'accomplissement du vol, c'est précisément la jouissance personnelle qu'il va immédiatement se procurer avec l'argent dérobé ou par la vente des bijoux et objets soustraits. Or, jusqu'ici, toutes les lois pénales connues, même dans les sociétés les plus rudimentaires, prennent ce voleur au collet, s'occupent peu de sa mentalité personnelle, de son état d'âme sans hostilité particulière ou préconçue contre telle ou telle personne dépouillée. Peu importe à la loi que l'intention de ce malfaiteur soit à l'égard du volé indifférente ou spécialement aiguillée; elle pourra sans doute tenir compte des circonstances concomitantes, mais le fait principal n'en restera pas moins à ses yeux un fait coupable; elle estime qu'il y a eu délit social, que le vol est délit pénal et que le voleur doit être puni... autrement que par un article du Code civil.

Bien que, sans doute, comparaison ne soit pas toujours raison, la conduite du syphilitique (conscient de sa maladie, cela va sans dire) est exactement la même que celle de ce voleur arrêté et condamné. Quand un homme malade avise, en raison même de sa plaisante beauté, une jeune fille saine dans un atelier, un bal public, un promenoir de café-concert, etc., et qu'il la contamine comme prostituée d'une nuit ou comme maîtresse de bains de mer au mois, il ne s'avise guère du trouble que la contamination va jeter dans la vie de cette malheureuse : de cela il n'a guère ni souci, ni cure ! A la rigueur, si cette fille ne l'écoutait pas, sans autre forme il en poursuivrait dans l'instant, une seconde, une troisième; il ferait comme le voleur, il ne s'obstinerait pas : son intention — le pur objectif de la poursuite d'une satisfaction personnelle — ne le lui permettrait pas. Proudhon avait spirituellement appelé, en son temps, l'état d'esprit et de chair du coureur de femmes — le marcheur, dans l'argot du jour — la *Papillonne !*

Nous observâmes enfin à M. A. de Morsier que si la syphilis a été — admettons la thèse de l'antiquité et de la généralité du mal — a été dans les temps pré et protohistoriques la compagne trop fréquente des conjonctions sexuelles soit dans le règne humain tout entier, soit chez les races issues aux pays de soleil où une faune et une flore microbiennes particulières engendrent des virus spéciaux; si la philosophie naturelle de ce distingué contradicteur nous permettait d'accepter avec lui, pour ces époques perdues dans la nuit des temps, la théorie du *risque normal*, de l'*alea* naturel dans l'union sexuelle, toute la philosophie sociale, psychologique, juridique et même médicale professée par l'humanité moderne repousse au contraire cette même théorie et les conséquences qu'il en veut tirer.

Sans doute l'état de nature est le mal toujours menaçant ; l'état de nature est le risque.

Mais l'état de société est au contraire l'organisation de la défense pour la diminution, pour l'élimination du risque. L'élimination du risque se fait par tous les moyens offerts à la pensée et à l'activité humaines : par les législations religieuses ou civiles, par l'enseignement des philosophes, par l'éducation des pédagogues, par la médecine publique et privée, par les institutions de l'hygiène, par les méthodes de gouvernement interne des masses, solidarité socialiste ou culture individualiste, etc.; l'élimination du risque naturel en tous ordres de choses, fait corps en un mot avec le tissu même des civilisations.

Le délit pénal — comme le délit civil — est une manifestation juridique contre la

théorie du mal naturel inhérent, contre la
théorie du risque en un mot.

**M.** Édouard Dolléans le dit excellement en
plusieurs endroits de son ouvrage. D'abord à
propos du dommage civil en application de
l'article 1382 de notre Code civil :

« Le délit civil de contamination se fonde
sur le principe de responsabilité objective qui
met à la charge de toute activité les conséquences
de ses actes. Il nous paraît normal que l'acte
sexuel n'échappe pas à ce qui devrait être la loi
générale de toute activité ; la responsabilité
est le corollaire de la liberté. Plus que toute
autre, la liberté sexuelle ne peut être reven-
diquée que si elle accepte de se soumettre à
cette loi : Quiconque agit, doit supporter les
risques de son fait. Les risques sont le prix
et la rançon de l'activité. » Et plus loin :
« Chacun doit pouvoir exercer librement toutes
ses facultés, déployer librement toutes ses puis-
sances d'amour et de vie; chacun est en droit
de satisfaire à ses instincts de plaisir comme
de bonheur, mais à une seule condition, c'est
que cette liberté ne s'exerce pas au détriment
des autres, et qu'autrui n'en pâtisse pas. Chacun doit supporter les conséquences de ses
actes, et, s'ils sont nuisibles à autrui, les ré-

parer. Les relations intersexuelles entraînent des risques nombreux : risque d'enfant, risque de déconsidération sociale et de perte d'emploi, risque de chômage accompagnant la grossesse de la femme, risque de maladie. *Ces risques doivent être pris à charge par l'homme puisque presque tous*, sauf le risque de maladie, *n'atteignent seulement que la femme.* La loi doit déplacer le fardeau des risques sexuels qui pesait en règle générale sur un seul des deux partenaires. Notre article 1382 peut servir de base à une législation ou à une jurisprudence qui assureraient la responsabilité de l'homme dans la vie sexuelle extra-légale (1). »

Venant au délit pénal, M. Ed. Dolléans fait d'abord une assimilation pleine de justesse entre les conséquences de l'acte de l'individu qui a rendu une femme enceinte et l'individu qui a contaminé une femme bien portante : « L'individu, dit-il, qui s'est servi d'une femme pour son plaisir, ne peut objecter que l'enfant était pour la femme un risque naturel de l'acte auquel elle consentait *et qu'il doit rester à sa charge ; le contaminateur ne peut déclarer qu'il n'a pas eu l'intention de contaminer.*

---

(1) V. le jugement de la 1re chambre du Tribunal de la Seine en date du 29 janvier 1903 ; 3e partie, I, p. 180-184.

« *En voulant l'acte*, tous deux en ont voulu les conséquences normales et accidentelles : il ne doit pas leur être permis de s'y dérober. »

Quant au délit pénal même, M. Dolléans en étudie la structure essentielle en même temps que les objections théoriques qui lui ont été adressées.

« Les adversaires du délit pénal, dit-il, confondent l'état de maladie et l'acte de contamination. Cependant ce sont deux choses qui doivent être dissociées et le sont souvent en réalité : l'un est un *état*, c'est-à-dire un fait de passivité ; l'autre un *acte*, c'est-à-dire un fait d'activité. On peut être malade sans contaminer, en restant dans son isolement naturel. La contamination nécessite la rencontre acceptée ou recherchée avec un partenaire bien portant.

» L'institution du délit a pour intention non de frapper les malades vénériens, mais de les empêcher de transmettre à autrui leur maladie : au lieu d'entraver la liberté sexuelle en frappant la contamination on assure son fonctionnement normal.

... « On a voulu rapprocher le délit de contamination du délit de prostitution, écrit encore M. Dolléans, on a dit que celui-ci réapparaissait en celui-là.

» Si on les compare, on reconnaît que loin de se rapprocher par leurs caractères, ils s'opposent ; que tandis que l'un est une atteinte à la liberté sexuelle, l'autre la consacre.

» Le délit de contamination vise l'acte ; le délit de prostitution frappait la personne. La loi qui institue l'un reste dans le droit commun, tandis que l'autre ne peut être qu'une mesure d'exception.

» Ici c'est un acte déterminé, le fait de contaminer, qui est puni, quel que soit son auteur, abstraction faite du genre de relations sexuelles ; *dans le système du délit de contamination, la prostituee contaminatrice est frappée par la loi non comme prostituée, mais comme une personne délinquante de droit commun.*

» Le délit de contamination respecte les principes enfreints par le délit de prostitution : l'égalité entre les sexes et les classes, la liberté de toute union sexuelle.

» Le délit de contamination consacre le principe de l'égalité devant la loi. L'un de ses avantages théoriques est justement d'affirmer juridiquement l'égale nocivité de l'homme et de la femme dans le danger vénérien, d'enlever à l'homme son privilège, son immunité.

» Le délit de contamination établit l'égalité

entre les relations sexuelles; toute différencia-
tion, toute hiérarchie entre celles-ci disparaît;
le délit de contamination enfin respecte la
liberté de l'union sexuelle : ce délit n'implique
aucun droit d'appréciation ou de contrôle sur
l'acte sexuel lui-même. »

Et M. Dolléans conclut :

« En dehors du mariage, le contrat sexuel
n'est pas sanctionné par la loi. Le refus de le
reconnaître a pour résultat de faire des relations
sexuelles un jeu de duperie réciproque au
profit du plus habile ou plutôt du moins scru-
puleux et, en définitive, comme un antique préjugé impose au sexe féminin plus de scrupules
aux dépens de la femme, sous prétexte de ne
pas sanctionner les conventions contraires aux
bonnes mœurs, la loi et la jurisprudence consa-
crent la mauvaise foi.

» Extra-légal comme légal, le contrat sexuel
comporte une obligation tacite d'intégrité physique et l'engagement de réparer les dommages
économiques et sociaux qui peuvent en résulter
pour l'un des partenaires. La liberté sexuelle
n'est pas le libertinage. »

Ni M. Le Foyer ni M. Dolléans, après avoir
admis le principe du délit pénal, n'en restrei-
gnent, comme nous le faisions en 1901, l'ap-

plication. Tous deux nous ont même reproché d'avoir limité le délit à la défense des seuls mineurs; ils ont parlé, ainsi qu'on l'avait déjà fait à la Conférence de Bruxelles — peut-être avec raison — de demi-mesure ou plus justement *de tactique pour préparer les voies et faire finalement place nette et entière au délit intégral inscrit désormais dans la loi sans restrictions aucunes.* « Il n'y a pas de majorité, a dit M. Le Foyer, pour émanciper l'empoisonnement. L'importance sociale de la contamination des mineurs ne peut faire disparaître l'importance sociale de la contamination des majeurs (1). » M. Dolléans opine de même et tient « que les considérations émises en faveur des mineurs ont une portée qui dépasse toute limitation de la loi. »

Nous rappelons que dans le projet que nous avions soumis à *l'Association abolitioniste*, les majeurs seuls se contaminant entre eux échappent; mais les majeurs contaminant les mineurs et les mineurs se contaminant entre eux, sont punis.

Les principes abolitionistes nous paraissent absolument intacts dans le système du délit pénal de contamination, *considéré même sans limitation :* la doctrine de liberté et d'égalité

---

(1) V. *Appendice* le projet de loi de M. Le Foyer, p. 233-244.

n'est pas même effleurée, puisque chacun, sans distinction de sexe, d'état, et de classe naturellement, reste maître de ses actes, ne répond que de ses actes, et cela devant la loi.

Le délit pénal pouvait donc être proposé et défendu par un abolitioniste, même sans restriction aucune :

IN NECESSARIIS UNITAS ; IN DUBIIS LIBERTAS.

Nous avons indiqué les motifs qui nous ont fait pencher pour une forme de la loi assez étendue dans ses prévisions pour avoir, à notre sens, une action efficace, mais s'arrêtant quand l'effet exemplaire est produit. Peut-être pourrait-on reporter jusqu'à 25 ans la protection légale due aux jeunes gens. En tout cas, l'extension de la loi au cas des adultes se contaminant entre eux n'aurait rien que d'une stricte logique, nous le répétons à dessein.

Quant au fonctionnement du délit civil de contamination, il est d'ailleurs intégralement conservé tel qu'il existe aujourd'hui du fait d'une excellente jurisprudence.

Le lecteur, du reste, jugera.

Ce qui nous importe, c'est que le principe nouveau du délit pénal soit retenu par lui et

discuté au triple point de vue sociologique de
l'équité, de l'hygiène et de la morale commune,
cette fois, aux deux sexes.

Ce livre, imprimé tel qu'il a été présenté à
la Fédération abolitioniste en 1901, mais augmenté de quelques notes et documents est divisé
en trois parties :

La première partie est consacrée à l'exposé
des motifs d'ordre général qui justifient l'établissement du délit pénal de contamination.

La seconde partie présente l'énumération
méthodique des statistiques qui expliqueraient
a limitation du délit aux personnes dont la
protection sanitaire paraît d'abord s'imposer
plus particulièrement ; elle énonce aussi le projet
de loi.

La troisième, ajoutée aux deux précédentes,
ne faisait pas partie de l'étude de 1901 ; elle
contient un choix d'espèces recueillies soit dans
la documentation judiciaire contemporaine,
soit dans divers auteurs, et destinées à préciser
ou à symboliser ce qu'il faut entendre par cas
donnant lieu à réparation civile et cas donnant
lieu à intervention de la loi pénale.

L. FIAUX.

# PREMIÈRE PARTIE

## Le délit pénal; ses motifs généraux.


### SOMMAIRE

Influence antisanitaire et antijuridique désastreuse de la police spéciale de la prostitution sur les mœurs populaires.

Motifs généraux qui militent, après la suppression de la Police des mœurs, en faveur du principe de la responsabilité étendu aux deux sexes et de l'institution du délit pénal de contamination. — Assainissement urgent de la race. — Réformes connexes en matière d'assistance publique; d'éducation et instruction de la jeunesse; de droit civil, etc. — Le délit pénal et la doctrine abolitioniste. — Le délit pénal doit particulièrement protéger la jeunesse contre la débauche morbide des adultes. — Un mot sur la nature clinique vraie de la syphilis. — Application des principes généraux du droit pénal en matière de lésions physiques « volontaires et involontaires » à l'acte de contamination sexuelle; — que le système de l'attentat aux mœurs ne pouvait être en l'espèce utilisé. — Une note sur le délit civil de contamination; sur l'application des articles 1382 C. c. et les objections juridiques encore opposées à ce délit en 1901. — « *Il faut éteindre la syphilis en soi* » : devoirs sociaux du syphilitique en général et de l'homme (jusqu'ici respecté) en particulier. — Diffusion de la syphilis par les hommes. — L'origine américaine de la syphilis et le rôle des hommes. — Responsabilité initiale de l'homme syphilisateur. — La réception de la syphilis ne crée pas le droit de la propager. — La jurisprudence jusqu'en 1903 réduite aux réparations civiles (indemnités pécuniaires) pour contamination syphilitique d'origine extra-génitale (procès de nourrices), d'origine conjugale (divorces). — Culpabilité du passant syphilisateur de prostituées et du mari syphilisateur de sa propre épouse, comparée. — Culpabilité plus lourde de l'homme syphilisateur que de la femme syphilisatrice. — Culpabilité de la *lupa* de carrefours, prostituée syphilitique avertie de son mal.

OBJECTIONS. — « Le délit pénal viole la liberté individuelle ». — Définition de la liberté individuelle : « La liberté de faire ce qu'on veut de son corps n'est pas la liberté d'attenter au corps des autres ». — *Autres objections* : questions de procédure. — De qui émaneront les poursuites contre le contaminateur? De la victime ou de ses ayants droit? Du ministère public? Examen de ces solutions diverses.

Les objections du chantage et du scandale des débats publics : réfutation.

CONCLUSIONS. — Le délit pénal agira par intimidation et amènera les malades, désormais responsables devant la loi, à rechercher un traitement sérieux et continu; il est l'antipode de la doctrine réglementariste; il fait partie d'un système de liberté.

Un incontestable retour de la nation sur elle-même nous la montre, dans ces dernières années, sérieusement préoccupée de sa régénération physique. L'esprit public, heureusement guidé ou aiguillonné par tous ceux qui tiennent à honneur en France de compter parmi leurs premiers soucis les intérêts généraux du pays, a déjà, soit par des lois pénales, soit par des créations d'assistance sociale, ou des fondations de philanthropie et de solidarité privées, entrepris de lutter victorieusement contre l'alcoolisme et la tuberculose.

A notre tour nous venons demander aux Pouvoirs publics de s'occuper de la protection immédiate de la race.

Prétendre assurer la régénération d'un peuple sans assurer les sources mêmes de la génération, est un plan singulièrement chimérique et vraiment trop en surface.

Qu'on n'oublie pas, du reste, que le sujet se rattache étroitement au problème vital de l'arrêt du développement de la population française, à ce grave épisode de notre crise nationale appelée couramment, et peut-être non improprement, notre dépopulation. Sans rien exagérer et sans fermer les yeux sur d'autres sérieuses causes, qui pourrait nier que la plus grave des maladies sexuelles, la maladie syphilitique, puisse être un des facteurs du *statu quo* et même du recul numérique d'un peuple? D'ailleurs, dans cette question de dénombrement, qualité et quantité marchent de front; qu'importerait qu'une nation maintînt le taux de sa population si elle ne le faisait que par l'addition de générations nouvelles partiellement composées de ces non-valeurs, de ces dégénérés tels qu'en fabrique le mal que nous désignons ici?

On sait comment aujourd'hui, dans notre pays, cette question primordiale de la santé sexuelle populaire est résolue par les institutions d'État ou de municipalités qui comptent ce devoir public dans leurs attributions.

A plusieurs reprises nous nous sommes élevé contre toutes les formes de l'incurie gouvernementale ou administrative.

Nous avons critiqué l'ignorance où nos systèmes d'éducation et d'instruction laissent l'adolescence ainsi désarmée, au point de vue scientifique et moral, en face d'un très prochain et grave danger.

Nous avons critiqué l'insuffisance, le caractère ignominieux et l'absence parfois totale des secours publics de l'Assistance.

Nous avons enfin, et par-dessus tout, critiqué l'organisation de la Police des mœurs ou Réglementation de la prostitution. Ce groupement officiel d'un certain nombre de malheureuses femmes appartenant toutes à notre prolétariat, positivement asservies, privées de toutes les garanties que les lois octroient à tous les membres du corps social sans distinction de condition ou de sexe, a pour objet, dans la

conception des Pouvoirs publics, d'assurer —
par une sorte de Permanence de toute heure, de
jour et de nuit — un service sexuel à la passion
des uns et à la débauche des autres, sous prétexte d'éviter de graves désordres dans les cités.
Cette conception erronée, en centralisant l'af-
fluence des hommes et en leur inspirant par
une soi-disant garantie une trompeuse confiance,
assure du même coup aux femmes ainsi main-
tenues l'apport fait sans gêne ni remords de
toutes les maladies, aux hommes sains des
chances de contagion portées à leur maximum
par la maison publique, à tous deux la
quasi-certitude d'une infection réciproque qui
rebondit ensuite par choc en retour dans toute
l'étendue du corps social même.

Pour compléter la dénonciation du danger
social créé par la Police des mœurs, nous avons
montré le système officiel achevant son œuvre
néfaste en persécutant les femmes contaminées
par l'homme, leur faisant subir comme punition de leur maladie l'ignominie et l'inhumanité d'une médecine indigne de cette forme
sublime de la solidarité humaine, et, pour
comble, ignorant systématiquement l'homme
malade lui-même! L'homme malade absolument libre de se faire traiter ou non, libre en

tout cas au gré de son intelligence, de sa moralité, de sa passion, de recommencer ses tournées infectieuses soit dans le groupement des femmes officiellement tenues à sa disposition, soit dans les classes variées des autres femmes!

Nous avons réclamé la fermeture des maisons et l'abolition de la Police des mœurs.

Nous avons réclamé une modification du système éducatif et du système d'assistance (1).

Nous ajoutons aujourd'hui à ces réformes une dernière mesure qui met le couronnement d'ordre et de logique à un régime de liberté.

Nous réclamons l'introduction dans notre système pénal d'une loi nouvelle qui punisse la transmission consciente et même imprudente de la plus grave des maladies qui empoisonnent la génération humaine, de la maladie syphilitique.

Hâtons-nous de le dire de suite, il ne peut s'agir ici un instant de déchirer la doctrine de liberté qui est à la fois l'honneur et la force du

---

(1) Premier rapport à la Conférence de Bruxelles (sept. 1899). — *Les maisons, leur fermeture* (un vol. in-18, chez Victor Masson, 1896, Paris). — *La prostitution cloîtrée* (Étude de biologie sociale), chez Félix Alcan (Paris), et H. Lamertin (Bruxelles), 1902. — *De l'instruction et de l'éducation sexuelles des pubères* (*Bulletin de la Société internationale de prophylaxie morale et sanitaire*. Bruxelles, n° 2, juillet 1901).

vieil et intangible programme de l'Association abolitioniste. Restaurer d'une manière soit détournée, soit quasi-publique, le système arbitraire de la prévention et de la répression propres à la Police des mœurs, est un plan dont le germe ne peut lever que dans l'esprit des constructeurs de systèmes mixtes qui veulent « réformer » la l'olice des mœurs et quelquefois même croient la détruire — en la reconstruisant avec ses matériaux mêmes, — en un mot dans l'esprit de ceux que l'on appelle déjà les *néoréglementaristes* (1).

Nous entendons d'abord puissamment *protéger les mineurs des deux sexes* contre les conséquences morbides des attentats commis sur eux, attentats qui compromettent leur santé et même leur vie.

Les faits nous montrent aujourd'hui à quel degré cette protection est insuffisante par le système bâtard d'une prévention aveugle et d'une répression arbitraire toujours rigoureuses jusqu'à la cruauté pour les uns, toujours absentes pour les autres, selon le sexe de la personne.

Ces faits, tous nous en sommes informés;

---

(1) Comme M. le sénateur Bérenger, M. le Professeur Neisser (de l'université de Breslau), M. L. Lépine, préfet de police, etc.

les Pouvoirs publics ne sauraient les ignorer. Une Conférence internationale réunie en 1899 à Bruxelles par les soins mêmes de tous les gouvernements de l'univers civilisé, pour étudier les moyens de préserver la société contre les maladies sexuelles contagieuses, a jeté sur ces faits une pleine lumière déjà suffisamment avivée par les livres de tous les médecins et publicistes, qui, sans distinction d'opinion doctrinale, ont traité scientifiquement le sujet de la prostitution.

Parent-Duchatelet, Yves Guyot, le Pr A. Fournier, tous les livres rédigés par les administrateurs de la préfecture de police, l'Ecole de Saint-Lazare, Messieurs du Dispensaire de Paris, l'éminent russe Sperk, toute l'énorme réalité statistique des enquêtes anglaise, russe, belge, italienne, tous les écrivains et tous les documents en un mot sont unanimes et convergent pour faire cette évidente démonstration, à savoir que *c'est la catégorie sociale des mineurs des deux sexes qui est presque exclusivement frappée, et dans des proportions sans nulle exagération considérables, par les maladies de la race, notamment la syphilis.* (1)

---

(1) V. Seconde partie du volume, la statistique documentaire justificative de l'exposé des motifs (p. 91-137).

C'est cette protection dont l'histoire même de l'humanité nous montre préoccupées toutes les institutions essentielles des peuples, institutions politiques, religieuses, morales, éducatives, instructives, militaires, médico-hygiéniques, etc.; c'est cette protection, que nous voulons voir consacrée dans la loi, mais d'une façon qui ne touche pas un mouvement de la liberté de l'individu, et double du même coup les sentiments de moralité et la responsabilité, sentiments élevés sans lesquels l'homme et la femme, adolescents ou adultes, ne s'élèvent guère qu'à un rang humain fort médiocre.

La loi pénale que nous demandons est assise sur les principes fondamentaux de notre droit commun qui permettent très légalement d'étendre le système de la répression juridique sans distinction de sexe aux personnes qui, se sachant atteintes de cette maladie sexuelle infectieuse, iront, de propos délibéré, contaminer un jeune homme ou une jeune fille en état de minorité civile, c'est-à-dire âgés de moins de 21 ans. (1)

-----

(1) Cette limite d'âge ayant été critiquée particulièrement en Allemagne, où les statistiques montreraient que les contaminations sévissent encore en nombre élevé sur les jeunes gens des deux sexes après 21 ans, le législateur pourrait l'élever à 25 ans *(Note de 1901)*.

Cette loi se justifie d'un mot, d'un chiffre.

Sur 100 personnes, hommes ou femmes, atteintes de la syphilis, 30 à 40 sont frappées par cette maladie en 5 à 6 années de prime jeunesse, de 14 ans à 20 ans; les 60 autres unités qui complètent ce groupement morbide mettent de 30 à 40 années à se faire syphiliser; c'est-à-dire que les 60 autres syphilis n'atteindront que des personnes, hommes ou femmes, qui auraient de 21 ans à 50 ans ou 60 ans d'âge (1).

Sans nous livrer aux exagérations rarement justifiées, souvent autosuggestionnées, des médecins qui représentent la syphilis comme une maladie aussi incurable que l'épilepsie ou le tabès, aussi fatale que le cancer, on peut dire aujourd'hui que ce mal est un des plus fâcheux, souvent un des plus cruels qui frappent l'humanité (2). Les accidents fort graves qui accompagnent parfois son évolution secondaire, les lésions profondes et protéiformes qui marquent

---

(1) Voir particulièrement les statistiques militaires de la deuxiéme partie de l'Exposé des motifs montrant la jeunesse des soldats atteints de syphilis, la première année même de leur arrivée au service.

(2) V. l'excellente et réconfortante étude clinique du Professeur A. Fournier : *En guérit-on?* (broch. chez Delagrave, Paris, 1906).

sa longue évolution ultérieure en font pour la victime un malheur véritable, plus grave, plus lourd à porter dans la vie que la plupart des lésions issues des accidents ou des crimes pour lesquelles toujours nos lois anciennes ont accordé et nos lois nouvelles accordent de justes réparations.

Le Code pénal punit l'auteur d'une blessure volontaire et même involontaire; mais l'on guérit cependant, le plus souvent sans infirmités, d'un coup de couteau, d'une balle de revolver; au bout de quelques semaines, de quelques mois, toute déformation, toute gêne fonctionnelle a disparu; la victime se retrouve tout aussi valide qu'auparavant; elle reprend le cours de la vie humaine normale avec ses peines sans doute, mais aussi avec ses joies naturelles; le contact, le coudoiement d'autrui sans mégarde lui est permis; elle peut se marier, fonder une famille. L'épisode dramatique finit par s'estomper, se perdre presque dans l'oubli du passé.

Ici rien de semblable.

Il n'y pas à ménager les mots.

La syphilis est une tare acquise ou héréditaire, d'où qu'elle vienne : du partenaire de mariage ou de passage, de la nourrice, du nourrisson, syphilis d'innocent, d'amour vrai, d'amour vénal, d'amour légal, de débauche pure, peu importe sa source ou sa porte d'entrée; elle est une dans son redoutable effet.

La syphilis, sans distinction de géniteur, est une ennemie du genre humain.

Dès lors nul doute :

1° Sur l'état reprochable, conséquemment de culpabilité, de ceux ou de celles qui, ne s'ignorant point en floraison de maladie, commettent ce délit d'empoisonner sciemment l'humanité naissante, l'humanité mineure;

2° Sur l'état de responsabilité certaine, mais évidemment amoindrie, de ceux ou de celles d'ailleurs rares qui, malades et assez peu soigneux de leur corps (malgré l'avertissement de la gêne physiologique et même de la douleur), commettent cet autre délit d'ignorance imprudente de se conduire sexuellement vis-à-vis des adolescents et des jeunes filles comme s'ils étaient sûrs de se porter bien.

La contamination volontaire punie comme les blessures volontaires, la contamination involontaire punie comme les blessures involontaires : tout l'esprit de la loi proposée tient dans ces quelques mots.

Nous voulons appliquer les principes généraux qui, dans notre droit pénal actuel, punissent de la prison, de l'amende, des dommages-intérêts, les auteurs des blessures faites à autrui, aux actes délictueux qui ont laissé jusqu'ici, pour le malheur de l'humanité, les syphilitiques des deux sexes empoisonner la jeunesse et plus exactement l'enfance même, — tant la jeunesse atteinte du mal confine encore à l'enfance.

Nous avons ici à nous prononcer entre deux doctrines : ou chercher à rattacher notre répression à la répression des attentats aux mœurs; ou l'incorporer dans la répression des infirmités, des blessures, coups, etc.

Notre choix juridique ne pouvait être douteux et la seconde doctrine s'imposait; il ne peut être question en effet d'attentats aux mœurs entre jeunes gens, par exemple, consentants et très voisins de leur majorité, âgés ainsi de 19 à 20 ans, alors que c'est précisément à cet âge que les contaminations sont les plus intenses.

Avec la doctrine des attentats aux mœurs nous étions de plus obligé d'obscurcir notre texte de loi en sous-distinguant en quelque sorte à l'infini : il fallait organiser, en suivant les articles actuels du Code pénal, une répression variable selon plusieurs périodes de la vie du mineur, créer des pénalités spéciales quand le mineur avait plus ou moins de 13, de 16 ans.

Il était plus simple, plus rationnel, plus juridique en un mot de punir la contamination volontaire ou imprudente par les peines appliquées aux auteurs des infirmités, coups, blessures infligés volontairement ou involontairement, puisque l'assimilation s'impose en toute évidence (1).

---

(1) Nous reproduisons ci-dessous la note qui accompagnait l'étude de 1901 : sa lecture, rapprochée de plusieurs documents de la troisième partie du livre montrera quel progrès les idées ont fait en peu de temps sur cette matière de la protection de la jeune fille contre la contamination vénérienne.

Toute cette note était basée sur la crainte ou, faut-il l'écrire? la certitude que jamais nos tribunaux, *sans l'existence d'une loi formelle*, n'oseraient prononcer contre les contaminateurs syphilitiques la peine d'une réparation civile parce qu'en l'état la jurisprudence n'accepterait pas la plainte de la victime, précisément en vertu de la règle juridique alléguée jusqu'alors : « *Nemo suam turpitudinem allegans auditur.* »

Le célèbre jugement de M. le Président Ditte, rendu le 30 janvier 1903, à la première chambre du tribunal civil de la Seine, est venu prouver que l'on a toujours tort de ne point avoir foi optimiste dans le triomphe rapide des idées de justice, alors même qu'elles figurent des idées d'une nouveauté très progressive (V. 3e partie du volume, le texte de ce jugement qui inaugure une jurisprudence

Certes, c'est un sérieux malheur pour la personne humaine d'être atteinte de syphilis. Nul cœur humain plus que le cœur d'un médecin, cependant habitué au défilé des douleurs morales pires que les autres, ne compatit à une si réelle infortune. Les larmes de l'être frappé ne sont pas des larmes impudiques versées seulement par la crainte de sentir l'intégralité de ses plaisirs interrompue ou brisée : pour le confident au cœur et à l'esprit élevés, ce sont des larmes d'humanité, les plus vraies, les plus amères qui

---

grosse de conséquences pour la protection des femmes — *hors* mariage).

Voici la note du mémoire de 1901 :

« On a d'autre part parlé de faire intervenir la loi purement civile contre ceux ou celles qui propageraient la maladie syphilitique — et ce en vertu des articles 1382 et 1383 (*a*) de notre Code civil — ou même d'appliquer ici la théorie des dommages-intérêts contractuels de ce même Code civil.

» A cette proposition d'une réparation d'ordre civil, tous les jurisconsultes ont répondu que de telles actions en dommages-intérêts sont immédiatement, dans l'état présent du droit, anéanties par une *exception* basée sur ce fait que le contrat intervenu entre l'homme et la femme qui se livre, est nul comme ayant une cause illicite *ob turpem causam*; ils ont ajouté qu'on argumenterait même, pour repousser cette action en dommages-intérêts, de la nullité du contrat basée sur la règle : *Nemo suam turpitudinem aliegans auditur.*

» Nous répétons que nous n'avons point à nous occuper d'un contrat passé plus ou moins librement entre les parties, ni des

(*a*) » Chacun est responsable du dommage qu'il a causé non seulement par son fait, mais encore par sa négligence ou par son imprudence. Tout fait quelconque de l'homme qui cause à autrui un dommage oblige celui par la faute duquel il est arrivé à le réparer. »

puissent couler. Dans une série d'instantanés fugitifs comme l'éclair, mais durement vrais comme la réalité vécue, l'adolescent et son conseiller ont vu tous deux, après le mal physique plus ou moins continué, l'inquiétude de la rechute, la longue gêne d'une fonction honnêtement remplie, l'hésitation du fiancé, la préoccupation du jeune mari devant la grossesse de l'épouse, l'interrogation anxieuse du premier regard paternel sur le petit être issu d'une maternité rendue suspecte ; nous passons les retours lointains du mal et des traitements,

conséquences pécuniaires qu'il peut engendrer. Nous avons à nous occuper d'un délit né, il est vrai, à la suite de l'exécution de ce contrat, mais qui n'en est pas moins un délit qui se suffit à lui-même, qui se suffit d'autant mieux à lui-même que précisément le contrat auquel on voudrait à tort le rattacher est, ainsi qu'on l'observe fort exactement, frappé de nullité. Le contrat disparaît puisqu'il est nul. Que reste-t-il ? l'acte d'avoir contaminé, le délit.

» D'autre part nous ne songeons pas un instant à omettre dans notre proposition, les dommages-intérêts, abstraction faite de la peine proprement dite prononcée en vertu de l'action publique.

» Ici les dommages-intérêts eux-mêmes se justifient très bien par cette considération qu'ils ne sont pas basés sur la responsabilité contractuelle dont le Code civil s'occupe dans la théorie des dommages et intérêts (art. 1142 et suiv.) ni même dans la responsabilité spéciale que vise le même code (art. 1382-1383).

» Comme nous l'allons dire dans le texte même de l'exposé des motifs, les *dommages-intérêts* que demandera la victime contaminée *dérivent* non du contrat, mais *du délit*; ils ne sont basés sur aucun article du Code civil ; *ils s'appuient exclusivement sur les termes des articles 1 à 3 du Code d'instruction criminelle.* » (Note de 1901.)

l'inquiétude persistant jusque sous une tête grisonnante.

Eh bien, *ce malheur privé, il ne faut pas le convertir en malheur public*, qui va se renouveler de corps en corps, se multiplier à l'infini en propageant le mal, sorte de puante et fuligineuse torche que, comme le flambeau du poète, l'on se passe aussi dans une course éternelle de l'un à l'autre, tachant, brûlant tous ses porteurs et ne s'éteignant jamais !

*Il faut éteindre la syphilis en soi*, et cela au nom de la morale, au nom de la santé publique ; nous voulons ajouter au nom de la loi.

Ce projet de loi présente à nos yeux un avantage décisif bien propre à frapper l'esprit du législateur qui sait voir, comprendre et conclure : celui de réprimer la transmission plus ou moins volontaire de la syphilis par l'homme, c'est-à-dire par celle des deux personnes qui, jusqu'ici, grâce à son sexe, a échappé, contre toute justice et tout bon sens, à cet emprisonnement et à ce fameux traitement d'office qui sont les prétendues raisons d'être, hygiénique et morale, de la police des mœurs.

Le nombre effroyable de jeunes filles mineures, de toutes jeunes fillettes contaminées avec ou sans violence physique, montre qu'en dehors de toute équité théorique, la répression spéciale de ce côté est une nécessité de salut public, tout au moins de santé publique.

Quand on considère qu'il se trouve des médecins et des administrateurs pour croire et professer que la seule extraction des femmes rendues malades par les *hommes* éteindrait la syphilis dans une ville et par extension dans un peuple, et probablement dans l'humanité; puis quand on lit les statistiques de contamination subies par les femmes, on se demande comment pareil espoir peut germer dans une cervelle savante ou seulement cultivée (1).

---

(1) « La méthode qui consiste à examiner isolément les syphilis masculines et féminines, à séparer pour l'étude les hommes et les femmes, correspond si peu à la réalité que l'on assiste à des phénomènes statistiques comme les suivants, seulement compréhensibles si l'on évite la disjonction des deux catégories de chiffres et de personnes.

» Tantôt, dans les statistiques du professeur Augagneur par exemple (Rapp. à la première Conférence de Bruxelles, p. 55-59), on voit que c'est précisément dans les années où les hommes affluent à l'hôpital que le taux numérique de la syphilis chez les femmes baisse avec le plus de régularité, et conserve le plus de fixité dans les notes basses.

» Tantôt au contraire, pour assainir à toute force le corps des prostituées au bénéfice d'une garnison comme le font les autorités médicales militaires à Strasbourg, on voit que, pour faire descendre le nombre des soldats syphilitiques à 4, à 3 0/0, il faut interner cinq fois plus de femmes malades qu'il n'y a de soldats malades.

» En d'autres termes le fait statistique se renouvelant plusieurs années de suite, notamment en 1879 et 1880, nous sommes amené à conclure que les hommes malades sont restés absolu-

Cet argument, qui s'étale dans les plus récents mémoires de professeurs allemands, intransigeants partisans d'une police de mœurs étatiste aggravée, a, nous devons le rappeler, provoqué le sourire confraternel de la plupart des médecins des armées d'Europe réunis à Bruxelles en 1899, médecins de l'armée anglaise, des Indes, médecins des armées russe, fran-

---

ment libres de contaminer des femmes saines et qu'un nombre relativement peu élevé d'hommes malades a suffi à maintenir un taux très élevé de syphilis féminines. (Observations sur le rapport de M. le Pr Wolf, de Strasbourg, p. 21 ; Première conférence de Bruxelles.)

» Comment dès lors concevoir que la seule extraction des femmes malades puisse, dans une population, amener l'extinction de la maladie ? » *(Note de l'auteur en 1901.)*

Il est un autre argument que nous soumettons au lecteur à propos de l'unilatéralité de l'action de la Police des mœurs restreinte à une moitié de la société : la moitié féminine ; l'argument est un peu historique, mais il a sa valeur.

On sait qu'il existe toute une école de syphiligraphes fort savants et bons cliniciens pour qui la syphilis *date* en Europe de la découverte de l'Amérique, du retour des soldats et matelots de Christophe Colomb dans les villes maritimes d'Espagne (1493) et des mouvements de troupes espagnoles envoyées par Ferdinand-le-Catholique dans le royaume de Naples (1494-1495). Dans cette thèse de l'origine américaine de la syphilis, on ne voit guère *quelles femmes d'Europe* jouent le rôle initial de contaminatrices soit en Espagne, soit à Naples, soit finalement en France où les troupes de Charles VIII rentrèrent enfin, l'expédition d'Italie terminée. M. le Préfet de çaise, allemande elle-même. Les règlements militaires prescrivent en effet sans doute aux médecins de troupes de s'associer aux visites sanitaires des femmes inscrites dans les villes de garnison; mais ils leur prescrivent (bien avant) de faire l'inspection sanitaire spéciale de leurs soldats, des *hommes* en un mot. A cette *double* condition seule, le médecin d'armée croit avoir fait œuvre utile; il est logique du moins (1).

---

police Lépine, à la Commission extra-parlementaire du régime des mœurs, demandait spirituellement, en matière de contamination syphilitique : « *Qu'est-ce qui a commencé?* » Dans la doctrine de l'importation américaine nous lui laissons, ainsi qu'au lecteur, le soin de répondre.

De quelque côté qu'on aborde le problème, l'état de santé de l'homme peut-il donc être négligé? *(Note de 1906.)*

(1) Nombre de jeunes médecins militaires et de la marine qui ont suivi les discussions de la *Commission du régime des mœurs* dans les comptes rendus des revues de médecine et de sociologie nous ont exprimé le regret de ne pas y avoir vu davantage relever sur ce point le caractère illogique des opérations civiles de la Police des mœurs : il est en effet impossible de dissocier, au moins théoriquement, l'action de la médecine militaire et l'action de la médecine civile dans nos sociétés contemporaines.

Mais la médecine civile ne s'occupant que des femmes seules semble, à la réflexion des médecins militaires qui suivent les visites d'un dispensaire municipal et vont de

Pour frapper l'homme coupable nous invoquons purement et simplement l'unité de la morale, l'unité de la loi et l'unité même du mal; que la syphilis vienne d'un homme ou d'une femme, elle n'en conserve pas moins dans toutes ses répercussions son identité cruelle, agissant, avec l'impassible répétition de ses mêmes accidents, sur l'adolescent et la jeune fille entraînés par la passion, l'honnête homme

---

là traiter les soldats à l'infirmerie régimentaire ou à l'hôpital, l'erreur la plus singulière que puisse commettre une prétendue hygiène publique.

Les opérations de la médecine militaire procèdent sans doute d'une médecine *d'office* qui peut seulement s'appliquer sous les drapeaux et nous ne la transportons pas dans la libre vie du dehors (cela va sans dire) contre les hommes, mais elles restent, devant tout examen impartial, d'une logique scientifique absolue.

La liberté de contamination octroyée au malade civil homme détruit d'emblée tout système d'hygiène publique sans distinction de classification. Que sert d'apurer et l'armée et le corps des prostituées par un traitement coercitif, si les groupes virils syphilitiques, parce qu'ils n'endossent pas encore ou n'endossent plus l'uniforme, ont toute licence pour semer la contagion et détruire ainsi l'œuvre sanitaire partiellement commencée?

A ce point de vue encore, le système de la police des mœurs ou de la prostitution réglementée doit donc être condamné, et ce nous est une satisfaction de voir qu'il l'est très rationnellement par nombre de nos confrères de l'armée. *(Note de 1906.)*

qui s'est oublié, le débauché moins malin ou plus ivre cette nuit-là que les autres, le médecin victime de son devoir professionnel, le camarade de table ou d'atelier, l'épouse, épouse d'hier soir ou respectable amie régnant depuis vingt ans et plus dans le foyer légal jusqu'alors respecté, le bébé à la mamelle, la nourrice industrielle, son mari et ses enfants, et *vice versa* la famille du nourrisson, enfin la race de la race, les enfants dystrophiques — sorte de *syphilitiques quaternaires*, — de ces enfants de syphilitiques devenus adultes à leur tour.

Tout personnage public doit avoir les yeux fixés sur ce tableau pour apprécier sans préjugé et avec impartialité, une maladie ainsi susceptible d'altérer la race.

L'homme qui contamine une femme, une jeune fille, est l'agent responsable de toutes les contaminations ultérieures; il a mis en terre un grain unique, mais virtuellement producteur des cent épis qui vont jaillir.

On affecte toujours de ne plus voir en scène que l'être de sexe féminin qui va propager la maladie comme maîtresse d'un an, volage d'un mois ou coureuse d'une heure. La disparition prétendue de l'homme malade est commode pour un raisonnement *a priori*. Dans un illogisme sans façon on va jusqu'à supposer que cet homme syphilitique, son mauvais coup fait, se tiendra tranquille, ne recommencera plus! ou (supposition également forte) reviendra fidèlement à sa victime, pour n'en pas faire de nouvelles!... Nous ne permettons pas plus cet escamotage que nous ne tiendrons compte de cette naïveté.

A ne retenir qu'un seul acte coupable, même sans récidive, cet homme qui a causé un mal individuel, cet homme apparaît à nos yeux et doit être dénoncé comme la lancette ambulante qui syphilise tous les successeurs, lancette infectieuse dont la pointe demeure perlée de la gouttelette du virus que n'épuisera trop longtemps aucune vaccination.

Si la loi avait permis de frapper ce coupable après premier délit, après première récidive, tous les infortunés et infortunées qui pâtiront directement ou indirectement de son délit ou de sa récidive seraient indemnes.

Averti désormais par le cri de l'intérêt remplaçant le mutisme d'une conscience par-dessus le marché aveugle et sourde, cet individu apprendra en entrant dans une cellule pénale et en soupesant sa bourse plus légère, ce qu'il en coûte à un délinquant de droit commun pour attenter à la vie d'autrui; il se dira que le fait d'avoir été volé n'autorise personne à devenir voleur et que ce n'est pas un délit excusable de syphiliser Pauline parce qu'on a été syphilisé par Pierrette.

Bien que nous nous cantonnions ici d'une façon exclusive sur le terrain du droit pénal, nous ne pouvons nous défendre de déborder en ce moment un peu sur le terrain civil et d'y conduire avec nous lecteurs et auditeurs. Il nous paraît qu'une certaine analogie s'impose sinon en droit, du moins partiellement dans les faits.

S'il est en effet exact de dire que la contamination syphilitique n'apparaît pas en l'état comme un délit pénal, devant nos juridictions répressives, — alors cependant que les violences, infirmités, etc., infligées à autrui, sont à bon droit, dans notre législation actuelle, l'objet d'un système complet de répression, — il n'est pas exact de croire que jamais la contamination syphilitique plus ou moins consciente ne fait son apparition comme prévenue et comme condamnée devant les tribunaux.

Nous laisserons de côté la contamination de nourrisson à nourrice et vice versa; nous ne voulons pas ici troubler l'esprit du lecteur par une confusion même passagère entre l'idée de délit et l'idée de contrat, puisque nous avons écarté l'idée-mère de contrat dans la répression ; la nourrice victime d'un contrat violé obtient en effet des dommages-intérêts. Dans ce cas, d'ailleurs, *au train ordinaire des espèces* s'entend, l'on n'apercevrait pas sans objections une pénalité corporelle infligée à l'individu générateur de la contamination originelle (1).

Nous ne retenons que l'autre cas, bien plus fréquent qu'on ne croit dans les procès de divorce, celui dans lequel l'époux a infligé à l'épouse une des plus graves injures, la contamination syphilitique.

Les responsabilités qui fondent sur la tête de cet époux coupable du crime de lèse-épouse, de lèse-famille, de lèse-race, sont dans l'instant tellement grandes, grèvent si lourdement l'heure présente et l'avenir ; le châtiment est si inévitable, si cruel pour l'honnête homme imprudent, si effectif pour le coquin, qu'il n'y a, dans un grand nombre de cas, rien à ajouter.

La répression est tangible ; il y a immédiatement dissolution du mariage, rupture du

---

(1) V. III⁰ partie, jugements divers ou observations relatifs à des contaminations de nourrices et de nourrissons (p. 150-169).

contrat, dommages-intérêts ; les charges pécuniaires qui vont peser sur l'époux contre lequel
le divorce vient d'être prononcé sont plus ici
qu'une indemnité civile ; elles accompagnent un
jugement qui, visant ou non le grief spécial,
demeure une flétrissure. Il y a pour cet ex-mari
contaminateur une double tache : celle de sa
maladie devenue cette fois honteuse parce qu'il
y a greffé un acte lâchement honteux, et celle
que lui a infligée la loi sur la plainte spéciale,
principale ou accessoire, de la victime.

« Eh quoi ! va-t-on de suite nous objecter, le
fait même se retourne contre vous. La législation a bien déjà envisagé l'une des hypothèses dans lesquelles la loi proposée ici veut
placer les auteurs de la contamination syphilitique ; mais, vous le voyez vous-même, elle
fait une distinction entre la contamination sur-
venant entre époux au cours du mariage, et
la contamination hors mariage, en sanctionnant la première de peines qui, pour n'être
que civiles, sont, nous vous le concédons, considérables, tandis qu'elle a voulu laisser sans
sanction l'autre attentat à la santé publique.

» La contamination syphilitique dans le
mariage a sa sanction ; elle en cause *hic et
nunc* la rupture.

» Nous nous en tenons à ce cas ; il serait immoral d'aller plus loin (1). »

Nulle objection ne pouvait nous agréer davantage. Quelque haut que nous placions dans nos civilisations modernes le mariage monogamique et quelque légitime que nous paraisse la rupture d'un lien si vilainement dénoué par celui-là même que la loi et presque toujours un acte de foi religieuse avaient uni à l'autre époux, nous cherchons vainement, en écartant le point de vue de la morale qui ne doit pas être le critérium du droit, nous cherchons vainement, disons-nous, ce qui dans l'union des sexes la moins défendable, peut donner à l'un des partenaires le droit d'infecter l'autre pour la vie ? En quoi la responsabilité sociale supérieure doit-elle faire défaut ? En quoi n'y a-t-il pas délit ? Où est le droit social, naturel et même religieux qui donne à l'un le pouvoir absolu, sans suites ni responsabilités, d'attenter à l'intégrité vitale de l'autre ? Un honnête homme qui, au cours du mariage, s'est oublié dans une simple « *foutaise* » comme disait, dans son argot méridional, nous

---

(1) Les contradicteurs voudraient en un mot s'en tenir comme jurisprudence au jugement du Tribunal de Compiègne en date du 25 janvier 1894 que nous donnons dans la *Troisième partie* (V. p. 172-174).

4.

ne savons plus quel grand homme de la fondation de la Troisième République, va peut-être, sur la plainte de l'épouse indignée, payer de son honneur, de son foyer, d'une partie de sa fortune, de sa condition sociale, de son bonheur d'homme, cette escapade d'une heure. La répression est inexorable; la peine cette fois balance presque la faute! Et quand il s'agit du même crime social, parce qu'il est perpétré sur une pauvre petite misérable acculée par la faim ou par le jeu de la police des mœurs à se tenir à la disposition du passant; parce qu'il est perpétré sur la concubine, sur une maîtresse séduite et trompée, sur une fille sans instruction, sans éducation, sans sou ni maille, sur une femme non mariée enfin, tout délit disparaît, s'évanouit... Quelle est donc votre conception de la loi? Qui me parle et m'objecte? Est-ce un moraliste à cœur d'homme? Est-ce un sectaire prédicant qui voit la débauche punie par le mal local, providentiel, lequel, par parenthèse, va rejaillir sur des innocents?

Nous repoussons formellement ces thèses, et pour dire toute notre pensée juridique, nous plaçant au point de vue d'un ordre légal utile et de moralité supérieure, nous tenons que la législation, en édictant jusqu'ici dans le seul mariage, contre les époux contaminateurs, des répressions purement civiles quoique fort lourdes, n'a pas épuisé sa mission sur ce point.

Nous irons même plus loin, nous croyons sans exagération, sans paradoxe, qu'il y a *délit social* plus grand à contaminer du mal syphilitique la malheureuse jeune fille qui s'est donnée sur le mouvement d'un cœur confiant, sur une promesse d'amour légal ou... éternel, ou encore à contaminer l'être abject et infortuné qu'est la fille publique, la prostituée de misère, la prostituée sociale ouverte à la cohue des hommes renouvelés, par besoin, passion ou débauche, à contaminer, en un mot, un être dans une condition misérable, qu'à contaminer l'épouse dans une position si forte, elle ! (1)

Puis l'époux contaminateur a gouverné, après tout, sa vie sexuelle propre comme il a le droit civil de gouverner sa maison, le droit de gou-

---

(1) Nous n'hésitons plus aujourd'hui à comprendre l'époux contaminateur au nombre des personnes hommes ou femmes qui tombent sous le coup de la loi pénale nouvelle. Si le conjoint victime fait figurer ce grief parmi les autres et le prouve, les peines de prison et d'amende viendront s'ajouter aux flétrissures du jugement ordonnant la rupture du contrat matrimonial et les indemnités pécuniaires. *(Note de 1906.)*

verner la communauté; il a contaminé *sa* femme, *sa* race. C'est un délit encore localisé peut-être, pour longtemps, pour toujours, à quelques têtes; mais le contaminateur vulgi-vague qui, lui, a contaminé, le sourire aux lèvres ou la vengeance au cœur, une malheureuse qu'il sait, à coup sûr, devoir, à son tour, empoisonner la foule, la longue foule des autres par des contaminations qui se répercuteront de droite et de gauche, bondissant, ricochant, blessant, tuant, ce contaminateur-là nous paraît coupable d'une culpabilité autrement lourde et punissable.

Il n'est pas de mauvaises raisons que les hommes ne se soient données à eux-mêmes pour ne frapper que les femmes malades *seules* non par la loi (ils n'ont pas encore osé aller jusque-là) mais par l'arbitraire de la police des mœurs. Nombre de médecins et de légistes (1) se donnent la main pour justifier l'ordre policier actuel en invoquant une conformation différente des deux sexes, la nature des choses, l'absence du métier prostitutionnel chez

---

(1) V. par exemple : Débats de la conférence Molé et rapport de M. Sabatier (1879-1880). (Documents réunis par la première Commission de la Police des mœurs à l'Hôtel de Ville de Paris.)

l'homme, en invoquant encore chez l'homme une certaine intermittence ou rareté dans les faits sexuels.

Nous ne retenons de ces raisons bien peu conformes elles-mêmes à la nature des choses, que le fameux argument si souvent ressassé de la conformation substantielle et physiologique différente des deux sexes.

C'est là justement pour nous la base de conclusions contraires : nous établissons une responsabilité inverse dans les rapports de l'homme et de la femme, au moins dans les deux tiers des cas.

Bien mieux, quand il s'agit des jeunes filles, des toutes jeunes femmes, des mineures, nous tenons que la responsabilité féminine est toujours moindre, et au début absolument absente. L'homme, *quel que soit son âge*, qui syphilise une jeune fille, agit en parfaite connaissance de cause. Tant que la femme ne s'est pas donnée et même donnée avec habitude, elle est ignorante, elle est chaste, elle est honnête : 995 fois sur 1.000, elle attend dans l'attitude confiante et passive la crise qu'elle peut pressentir, mais dont elle ne sait ni le début, ni le dernier tressaillement. Son abandon, ses yeux fermés, son trouble en font en un tel moment moins la compagne, moins l'égale que la chose de l'homme. Rarissimes sont, dans le monde même des demi-vierges de toutes les classes, ces demi-bacchantes d'alcôves qui, renversant les rôles, provoquent, attaquent, sortes de petites taurelières humaines !

L'homme connaît et voit, se connaît et se voit ; ses lectures, son initiative ou théorique ou pratique précoce l'ont instruit. Malade, averti, ne se précautionnant pas, imposant confiance par sa subjugante attaque ou sa sollicitation cauteleuse, pleinement conscient, se gardant bien d'avertir ou de suppléer par quelque partielle réserve, il contamine largement, joyeusement, la « blague » rieuse aux lèvres, ou hypocritement.

Ce drôle hilare, ce néfaste don Juan, nous l'arrêtons, non pas comme Molière au cinquième acte — ce serait laisser se multiplier les scènes de récidives — mais au premier, et nous le punissons moins sévèrement que le poète-philosophe ne punit son héros ; il a fait pis cependant que le don Juan du drame psychologique ; il a commis un double attentat à la vie humaine ; il a compromis la vie de nous ne savons combien de personnes présentes et de races futures.

Malgré tout notre désir de ne point trop

argumenter, nous ne résistons pas à l'agrément de traîner, à côté de la piteuse raison des différences anatomo-physiologiques, le non moins fameux argument de l'absence de « métier prostitutionnel » chez l'homme : « L'homme acheteur ne fait point commerce de son corps! » Si jamais comparaison fut fâcheuse et imprudente ce fut bien celle-là! Faut-il, après l'ancien et éminent secrétaire général de la branche abolitioniste française, Auguste de Morsier, reprendre — et sur un autre ton — la réfutation de cette pauvreté?... Voyons donc un peu l'acte commercial de l'homme malade! Parlons de « chair trichinée », quand des deux partenaires la femme est bien portante et l'homme malsain! Arrêtons-nous à ce consommateur et faisons à notre tour des comparaisons :

Que dirait une police sanitaire digne de ce nom, du spectacle d'un quidam à la bouche dégoûtante d'une bave et d'ulcères empoisonnés qui entrerait dans une boutique de commerce alimentaire, porterait librement une lèvre et une dent virulentes sur les viandes, le pain, les fruits, aux rebords des verres goûtés, et replacerait tranquillement denrées échancrées et vases infectés pour l'usage de ceux que la faim et la soif amèneraient après lui?...

Oui, que dirait cette police? que dirait la foule des consommateurs survenus? Il n'y aurait sans doute qu'une clameur de haro contre cette peste sous peau humaine? Ne serait-ce pas à qui réclamerait, avec voies de fait préalables, contre ce consommateur malsain? Ne se trouverait-il pas aussi dans la foule quelqu'un pour rappeler qu'on ne doit pas salir l'eau des fontaines publiques sous peine d'amende, ni dégrader les monuments publics sous peine de prison? Concluez, lecteur.

D'ailleurs, est-il besoin de le rappeler? la nouvelle loi, à côté des hommes, n'épargne pas la syphilitique propagatrice volontaire, avertie, qui, mineure ou majeure, s'obstine à la prostitution publique et, selon la forte expression romaine, véritable *lupa* de trottoir, ramasse en fait d'hommes tout ce qu'elle trouve entre l'étal des boutiques et l'ordure des ruisseaux.

Sans modifier d'un iota le système fondamental de la *Fédération*, nous nous refusons à être la dupe d'une dépravation délictueuse qui prétendrait couvrir son obstinée licence antisociale de nos thèses de liberté, d'égalité et d'humanité. Mineure, cette fille avait le droit de rechercher celui qui l'avait contaminée; les uns diront qu'elle avait le devoir de la plainte légale; que ses ayants droit pouvaient la produire à sa place. En tout cas, mineure ou majeure, cette personne tombe sous le coup de la loi, si, à son tour, elle contamine un jeune homme, un mineur de moins de 21 ans. Sa culpabilité ne fait pas l'ombre d'un doute, morale d'abord, juridique ensuite. Le juge appréciera du reste le degré de responsabilité de cette mineure selon l'échelon même de sa minorité.

Nous ne voulons pour nous, dans ce débat, même pas de l'injure littéraire d'« idéologue ». Nous n'avons pas combattu les méfaits administratifs pour faire route nette aux autres.

Résumons. Pour ces motifs qui visent la culpabilité de l'homme, le législateur ne fera plus aucune distinction entre la responsabilité de l'homme et de la femme; il les frappera tous deux. Pour tous ces motifs qui établissent ce fait social capital que c'est surtout l'union sexuelle morbide hors mariage qui, pour la société, est la cause du danger individuel et public de la contamination, puis des multiplications à l'infini grâce auxquelles la syphilis est vraiment une *maladie sociale* menaçant toutes les classes; pour ces motifs, le législateur établira, en dehors du mariage, une responsabilité pénale contre le contaminateur de l'un ou l'autre sexe ; il ne croira pas avoir fait déchoir le mariage lui-même du premier rang qu'il occupe dans nos institutions, en sauvegardant partout, en dehors même de l'union légale, la santé publique.

Désormais donc, avec la loi nouvelle introduite dans notre législation pénale, tout le monde est prévenu qu'une grave responsabilité effective est encourue par celui ou par celle qui communique à une autre personne la maladie syphilitique.

A ce point de cet exposé des motifs, nous le sentons bien, la meilleure manière de saisir et de persuader nos lecteurs est *d'aller au-devant des objections* que le passé, l'habitude, l'appréhension des nouveautés, les raisons même de l'ordre critiqué mais toujours existant, suggèrent à tout esprit quel qu'il soit, même sachant s'abstraire du présent, même sachant vivre un peu dans le monde de l'avenir, à tout esprit philosophique selon la formule un peu banale.

La première objection qui se présente à l'esprit est celle du viol de la liberté individuelle.

Nous remarquons d'abord qu'il n'est question du « viol de la liberté individuelle » que toutes les fois qu'il est question de la liberté individuelle des hommes. Sans insister, nous passons à la discussion de l'objection prise en soi, sans distinction de personnes.

Certes la liberté individuelle est une de nos premières lois constitutionnelles, et de même le respect de la personne et des biens d'autrui ; le législateur n'a pas d'autre objectif que cette loi constitutionnelle quand il punit toute atteinte à la liberté individuelle, toute atteinte à la personne et aux biens d'autrui.

C'est précisément en nous basant sur ce concept que nous présentons aujourd'hui cette proposition de loi.

Dans toute société moderne, la liberté individuelle de quiconque ne peut exister qu'à la condition de respecter celle des autres membres de la société. On ne peut attenter à la liberté individuelle d'une personne : mais lorsque celle-ci viole les droits d'autrui, la privation de sa liberté devient une nécessité sociale parce qu'elle est la seule garantie publique qui s'offre à la loi pour sauvegarder ces droits méconnus.

On l'a dit avec raison : *le devoir est la conscience du droit des autres*. Cela posé, croit-on qu'il n'y aurait pas lieu de rejeter l'argumentation du voleur qui, pour ne pas être puni,

viendrait opposer les droits de la liberté individuelle, ou encore l'argumentation de celui qui,
ayant écrasé un passant ou blessé grièvement
d'un coup de fusil un de ses voisins, se retran-
cherait derrière le même principe pour ne payer
ni indemnité ni amende ou pour ne pas aller en
prison? Nous estimons que le principe de la liberté individuelle doit s'entendre ainsi, qu'il
est seulement respecté toutes les fois que celui
qui l'invoque n'a pas violé d'autres principes tout
aussi respectables, n'a pas attenté à la vie, à la
personne, aux biens d'autrui ; et nous soutenons
précisément que la communication de la maladie
syphilitique doit être considérée comme un attentat à la personne, à la santé, peut-être même
à la vie ; nous soutenons que, par suite, l'auteur
de cet attentat n'a plus le droit de se prévaloir
des principes de la liberté individuelle, pas
plus que le voleur, pas plus que le meurtrier.

Nous précisons.

Cette objection de la liberté individuelle repose sur une évidente confusion.

Les partisans de la liberté individuelle appliquent cette objection au droit d'avoir telles
mœurs que chaque citoyen veut adopter dans
les limites du fonctionnement de la société.
Nous sommes parmi ces partisans; aussi l'ar-

bitraire actuel nous rencontre-t-il parmi ses irréductibles adversaires.

Mais à côté de cette liberté individuelle fondamentale, sociale, avec ses latitudes et facultés intangibles, d'autres partisans de la liberté individuelle la voudraient même quand le citoyen ne respecte pas chez autrui, et dans l'espèce chez des mineurs, des droits égaux et parallèles aux siens. De ces partisans-là, nous ne sommes pas, parce que nous ne trouvons, dans leur doctrine, aucun des éléments légaux et sociaux de la liberté individuelle elle-même.

La liberté de faire ce que l'on veut de son corps n'est pas la liberté d'attenter au corps des autres.

Ce serait faire de la prostitution des femmes et de la poursuite libre des hommes une entité extra-sociale, un dogme surhumain — tous deux incompréhensibles — que de respecter les personnes des deux sexes qui averties, conscientes, sachant la nature de leur mal et la morbidité de leurs actes, prétendraient désormais continuer au détriment d'autrui leur vie intersexuelle sans réserves, gênes ou abstentions.

Les autres questions ne sont pas moins intéressantes à soulever et à résoudre.

Qui dirigera les poursuites?

Étant donné que nous sommes en présence d'un délit qui, par son assimilation à des délits déjà punis, sera du ressort des tribunaux correctionnels, quel sera le rôle de la victime? du juge d'instruction? du ministère public?

Comment évitera-t-on les tentatives de chantage de celui ou de celle qui, voulant compromettre une jeune fille, un jeune homme, se prétendrait faussement contaminé?

Comment établira-t-on chez l'auteur de l'infraction d'une part qu'il est véritablement atteint de la maladie syphilitique, d'autre part qu'il l'était chronologiquement avant la victime prétendue? qu'en un mot la contamination émane précisément de lui?

C'est ce que nous allons examiner.

Et tout d'abord qui pourra intenter l'action publique?

Nous écartons ici en premier lieu le ministère public, car nous voulons laisser les véritables intéressés seuls juges de la question de savoir s'il vaut mieux agir ou s'abstenir. Donc, pourront seuls intenter l'action publique, la victime mineure et ceux qui possèdent sur cette victime les droits de la puissance paternelle.

Ici, une première objection peut être opposée.

Il est de principe en effet que l'action publique est dans notre droit pénal l'apanage presque exclusif du ministère public. Nous répondrons aisément à cette objection qu'il existe aujourd'hui (et la jurisprudence courante de nos parquets valide sans hésitation cette manière de faire) un moyen indirect mais certain pour les particuliers lésés de mettre en mouvement cette action publique. Ce moyen consiste dans la faculté pour la victime du délit de se constituer partie civile dans une plainte déposée entre les mains du juge d'instruction.

C'est ce moyen seul (1) que nous souhaitons voir employer ici, car ses avantages ont précisément pour effet de réduire les objections que nous rappelons plus haut.

On voit d'abord, en effet, que ce procédé ouvre nécessairement une instruction puisque le juge d'instruction est ainsi obligatoirement saisi de l'exercice de l'action publique (2). Donc

---

(1) De préférence — par exception au droit-commun correctionnel — à *la citation directe*.

(2) Sur la plainte de la victime avec constitution de partie civile, le juge d'instruction, en effet, *doit* procéder à l'instruction, au moins dans le système généralement admis aujourd'hui.

sur le délit prétendu s'ouvrira nécessairement une instruction dans laquelle, d'une part et en vertu de la loi du 8 décembre 1897, l'inculpé aura toute facilité pour démontrer son innocence, grâce au concours incessant de son avocat.

Inversement, le juge d'instruction pourra apprécier les diverses preuves, entendre les témoins et, en dernière analyse, s'il croit la plainte fondée, faire finalement procéder à l'expertise démonstrative.

Mais, avec ce système, ce n'est que lorsque le juge d'instruction aura réuni des charges réellement suffisantes contre l'inculpé que celui-ci pourra être traduit à l'audience publique du tribunal correctionnel pour se voir appliquer les peines qu'il aura méritées si la juridiction de jugement partage la conviction de la juridiction d'instruction.

Il y a plus : le procédé, que nous préconisons exclusivement, de la *plainte avec constitution de partie civile, anéantit toute tentative de chantage* et c'est, à notre avis, la plus grande utilité que peut présenter ce mode de procéder. On sait que celui qui se constitue partie civile dans une plainte au juge d'instruction est tenu de payer tous les frais de l'instance si sa plainte est reconnue non fondée (1). Il y a donc là un élément qui fera hésiter, reculer les dénonciateurs mensongers.

D'ailleurs, nous allons plus loin : outre cette responsabilité pécuniaire qui découle naturellement des principes généraux dans la matière, nous voulons que le dénonciateur coupable d'une tentative de chantage soit précisément puni des mêmes peines qu'il prétendait voir infliger à l'auteur prétendu de sa contamination.

Nous ajoutons dans ce sens un article dans le projet de loi.

Ce même système met à néant l'objection qui naîtrait des difficultés de nature scandaleuse issues du détail de la preuve et des explications techniques de l'enquête.

Nous ajouterions même que cette objection ne peut être opposée que par des personnes absolument étrangères aux études élémentaires de médecine légale et aux expertises cliniques courantes en matière civile et pénale. Nous retrouvons les enquêtes de cette nature dans l'instruction relative aux procès en dommages-

_______

(1) La partie civile doit d'abord consigner les frais du procès. En dehors de la même peine édictée contre le contaminateur, que nous demandons contre le faux dénonciateur, celui-ci est frappé par les dommages et intérêts des art. 1 à 3 du Code d'instruction criminelle.

intérêts pour contamination entre nourrices et nourrissons; aux procès de séparation de corps ou de divorce quand le grief de contamination syphilitique ou simplement vénérienne est allégué; enfin dans l'instruction relative aux procès pour attentats aux mœurs. N'omettons pas de rappeler l'enquête relative à une cohabitation effective entre époux séparés de corps quand il s'agit de permettre ou de rejeter le désaveu de l'enfant (art. 313 C. civ.). Toute cette matière des preuves en matière de cohabitation intersexuelle ou de vérifications corporelles est banale.

Répétons-le donc : juridiquement, on appliquera le vieil adage : *Onus probandi incombit actori*.

La prétendue victime du délit, en se constituant partie civile dans sa plainte, est directement liée au succès du procès, puisqu'elle en paiera les frais, etc., si l'inculpé est acquitté; elle pourra donc présenter au juge d'instruction tous les éléments de preuve tendant à la recherche et à l'établissement de la vérité; elle pourra indiquer les *témoins*, le *lieu*, la *date*, etc.

Si le tribunal est éclairé ou n'est pas éclairé par le débat de l'instruction publique, il y aura condamnation ou acquittement de l'inculpé et par là même succès du plaignant ou condamnation de la prétendue victime.

Mais il n'y aura même pas danger du scandale du débat public, puisque, si les données établies par la victime sont insuffisantes, il y aura non-lieu ; si elles sont suffisamment probantes, le tribunal pourra ordonner le huis-clos.

« Cette loi, nous objectera-t-on encore, va causer une perturbation sociale profonde ».

Si perturbation il y a, nous la trouvons moins profonde sans doute que les horreurs que cache et enfouit la Police des mœurs : la chasse et la médecine inhumaine actuelles des malheureuses femmes malades, l'impunité tranquille assurée aux hommes qui maintiennent dans une ville un taux annuel parfois surprenant d'égalité dans la morbidité syphilitique féminine.

Que l'on considère du reste la qualité morale de l'homme et de la femme que nous punissons : tous deux, avertis par la législation, la médecine, la connaissance publique désormais partout répercutée de la contagiosité du mal et de sa propagation délictueuse, s'obstinent, persistent, raillent, récidivent, se jouent des maux qu'ils sèment, de la loi qu'ils bravent et ridiculisent.

Quel que soit le sexe d'un tel personnage, quelle que soit sa condition, quoi de moins intéressant que lui? La loi punit, homme ou femme, ces délinquants comme de véritables malfaiteurs qu'ils se font gloire d'être.

D'ailleurs, qui croira sérieusement qu'une telle loi va avoir pour tâche et résultat immédiats de collecter et punir tous les syphilitiques de nos cités? qu'il va falloir maintenir, agrandir Saint-Lazare pour les femmes et construire un Saint-Lazare nouveau pour les hommes?

La nouvelle loi agira comme toutes les lois, surtout par la menace et par l'exemplarité. Qu'on en soit persuadé, quelques exemples justement retenus, sévèrement motivés, strictement appliqués, seront d'un excellent effet pour l'assainissement public, pour cet assainissement moral et sanitaire que tout le monde réclame sans distinction de doctrine.

*Pœna in paucos et metus in omnes*, selon la bonne formule pénale.

Cette intervention juridique servira de frein, d'avertissement public; elle retentira et agira bien en dehors du monde des mineurs que nous voulons d'abord protéger; elle éveillera ici la crainte, sans doute, mais là la réflexion honnête, et fera naître dans nombre de cervelles encore très brumeuses le sentiment d'une responsabilité, d'une moralité, d'un altruisme d'une certaine sorte qui n'auraient peut-être pas trouvé d'autre porte d'entrée; elle amènera enfin, par l'effet d'une conviction basée sur cet altruisme et sur la pratique d'un intérêt personnel rationnellement entendu, les malades, qui s'en détournaient ou les oubliaient, aux soins d'une médecine honnête et agissante.

Alors même que la victime du délit dont nous demandons la répression garderait le silence, soit par amour-propre, soit pour tout autre motif et ne poursuivrait pas celui qui l'a contaminée, cette loi n'en aurait pas moins un effet sanitaire tangible. D'abord cette victime de la contamination sait qu'elle peut poursuivre et qu'une peine atteindra l'auteur de cette contamination, et elle sait par conséquent que si elle-même contamine à son tour, *que si elle continue la filière*, elle pourra s'adresser à une victime qui n'aura peut-être pas les mêmes raisons qu'elle-même pour observer la même discrétion.

Ainsi la loi de répression *en supprimant un anneau de la chaîne, empêchera cette chaîne de se dérouler à l'infini*, comme elle le fait aujourd'hui sans obstacle ni coupure.

Un dernier mot.

Nous mettons la main sur un délinquant qui est syphilitique et nous l'emprisonnons.

Nous entendons les clameurs de MM. les Réglementaristes du régime arbitraire de la police ou de MM. les Partisans d'un soi-disant régime légal de néo-réglementarisme (dont on nous menace depuis quelque temps) (1) qui mettrait la loi au service de l'arbitraire, par l'inscription policière légale des femmes malades ou convaincues de mœurs libres.

« Eh quoi ! vous y venez, nous disent-ils ! vous emprisonnez des malades, vous aussi ! vous punissez des malades ! »

De grâce, Messieurs de la Réglementation, nous vous en prions, pas plus de confusion ici entre vos doctrines et les nôtres, qu'entre nous et les partisans d'une liberté soi-disant constitutionnelle qui va jusqu'à permettre, au nom de la liberté individuelle, de contaminer les fillettes et les adolescents !

---

(1) C'est-à-dire la *police des mœurs consacrée désormais par une loi* qui lui permettrait, en s'autorisant d'une punition pour délit de provocation, de restaurer toutes les vexations, tout l'arbitraire médical et administratif actuel *contre les femmes*, ainsi que le demande M. le sénateur Bérenger (*Note de 1906*).

Il suffit de faire publiquement remarquer que nous ignorons les malades tant qu'ils gardent par devers eux un mal dont ils sont absolument les maîtres d'éteindre en eux ou de faire rayonner autour d'eux le foyer contagieux.

Nous réprimons uniquement, exclusivement, le délit de transmission consciente d'abord, imprudente ensuite, de la maladie syphilitique aux mineurs des deux sexes.

*La maladie en soi* nous échappe au point de vue pénal; nous ne la connaissons que pour y voir une infortune à laquelle nous donnons une pitié exempte de préjugés et un mal sérieux pour lequel nous voulons l'assistance d'une médecine publique exempte de restrictions ignominieuses.

L'ancienne police, au contraire, ou mieux la vieille doctrine, celle qui dans son agonie même poursuit encore sous nos yeux son œuvre malfaisante, frappe une personne humaine comme coupable de maladie.

Cette personne nous est sacrée.

Mais cette même personne cesse de l'être, elle devient pour nous un coupable, si elle transmet son mal.

Non, il n'y a rien de commun entre notre

doctrine et la doctrine réglementariste, rien de commun entre notre peine corporelle d'une durée délibérément une et fixée par la loi, et l'absurde emprisonnement de la police qui prétend tout à la fois prévenir et réprimer, punir en soignant et soigner en punissant, et n'aboutit en arrêtant, lâchant, reprenant, relâchant, ressaisissant et relâchant encore la femme seule, qu'à organiser un jeu de raquettes incohérent et cruel où la malade, comme un volant, est incessamment envoyée et renvoyée des cours de l'infirmerie-prison aux bras confiants du public, *blanchie*, *maquillée* (1), non guérie, tantôt syphilitique ouverte, tantôt syphilitique fermée, tantôt audacieusement, tantôt hypocritement dangereuse, toujours suspecte, n'ayant pas plus la conscience de son état que le magistrat de police qui signe son *introït* en prison ou le médecin administratif qui signe son *exeat*.

Nous réprouvons plus que jamais cette tragi-comédie de répression illégale et d'hygiène publique manquée.

---

(1) Selon les expressions pittoresques et fâcheusement vraies de M. le Professeur Fournier et de M. le Procureur général Bulot, à la *Commission extraparlementaire du régime des mœurs (Note de 1906)*.

Le but que nous poursuivons, pour l'intégrité physique populaire, c'est, avec l'instaura-
tion de la liberté de l'individu, le sentiment
fortement amalgamé de la moralité et de la
responsabilité humaines.

Oui, nous avons le droit de disposer de notre
corps, est-il besoin de l'ajouter, de notre corps
sexuel, mais sous une double condition : celle
de respecter d'abord les lois et les règlements qui
nous prescrivent les éléments de la décence
publique ; puis sous la condition bien autrement capitale d'une intégrité réciproque obte-
nue dans la limite des prévisions humaines.

*Habeas corpus* sans doute, mais à la double
condition *sine qua non* de ne pas plus faire de
ce corps le tableau d'un scandale pour la pudeur
publique, qu'une arme empoisonnée pour le
corps d'autrui.

Les infractions à ces deux maximes sociales
élémentaires doivent désormais tomber ensemble
sous le double coup de la loi.

Au demeurant, notre proposition de délit
pénal de contamination intersexuelle n'est
qu'une page de plus dans l'œuvre que nous
avons commencée il y a vingt ans.

Nous entendons supprimer le système de
prévention et de pénalité administratives, ce

qu'on appelait autrefois un peu emphatiquement
la « tyrannie », ce que nous appelons aujour-
d'hui plus simplement l'arbitraire.

Nous entendons sur cette place nette instituer
le système de liberté.

Le système de la répression et de l'action judiciaires est le système de la liberté.

Nous suivons en cela l'évolution même que
l'on constate dans toutes les parties du droit
public moderne.

# DEUXIÈME PARTIE

## Le délit pénal; ses motifs biologiques.

### Les personnes protégées par l'institution
### du délit pénal.


SOMMAIRE

Des faits mêmes qui motivent l'institution du délit pénal
de contamination : statistiques et documents.

I

Rapports de la contamination syphilitique des filles
mineures avec leur inscription : Inscription des
mineures à Paris de 1816 à 1835, de 1835 à 1872, de
1872 à 1878, de 1878 à 1887, de 1887 à 1900; syphilisation en masse. — Syphilis des filles mineures à
Édimbourg en 1835; à Bordeaux de 1835 à 1860; à
Marseille de 1873 à 1882.
Inscription et syphilis des filles mineures en Russie
(Saint-Pétersbourg) de 1873 à 1875.
Les statistiques de Saint-Lazare : Dr Le Pileur (1890-1899)
et Dr Jullien (1888-1898).
Les statistiques du Pr Alf. Fournier (mineures non
inscrites : 1.000 cas).

II

Syphilis des jeunes gens (statistiques civiles et militaires) : 10,000 cas.
La syphilis pendant la première année du service militaire.

### III

Vie intersexuelle prématurée des jeunes filles dans le prolétariat : statistiques des D<sup>rs</sup> Martineau (de Lourcine) et Le Pileur (de Saint-Lazare).

Avant de soumettre au lecteur le texte du projet de loi, nous lui présentons le groupement des faits et des chiffres qui servent de preuves et d'appui à la doctrine.

L'examen des documents ci-après lui montrera en effet la concordance des statistiques morbides relatives à l'état sanitaire des jeunes filles mineures abandonnées sans défense légale à la poursuite sexuelle des hommes ou à l'inscription prostitutionnelle de la police des mœurs, double fait qui, dans l'état de liberté ou de soumission administrative, assure leur syphilisation.

Les mêmes documents mettent en lumière la nécessité de protéger contre la même maladie les adolescents et les jeunes gens.

Cette documentation constitue la seconde partie de ce volume.

Et tout d'abord nous rencontrons l'inscription policière des filles mineures : cette mesure odieuse assure d'une façon inévitable leur infection syphilitique avec leur perdition définitive.

# I

## Inscription de filles mineures (Paris).

### 1816-1835.

Parent-Duchatelet, le premier en date, nous apprend dans son ouvrage classique que, de 1816 à 1832, sur 12 550 femmes inscrites, 2.043 d'entre elles avaient été enregistrées comme filles publiques avant l'âge de 18 ans, et 5.274 entre 18 et 20 ans, soit 8.317 mineures sur le total, soit les 2/3.

Le même auteur nous apprend que la Préfecture de police avait inscrit le 31 décembre 1832 3.517 filles nées à Paris, dans les départements et à l'étranger. De son enquête sur le personnel de cette année 1832, il résulte que 128 avaient été inscrites avant 17 ans (12 de 12 à 14 ans); 636 avaient été inscrites de 18 à 21 ans; soit un total de 764 mineures sur 3.517 présentes. Le détail donne 20 fillettes de 14 ans, 6 de 12 ans, 3 de 12 ans, 3 de 11 ans, 2 de 10 ans!

Parmi celles qui arrivaient de la province et de l'étranger, 8 avaient été inscrites de 13 à 10 ans. (*La Prostitution dans la ville de Paris*, édit. de 1857, t. I, p. 90-97.)

### Syphilis de filles mineures (Édimbourg).

Nous rapprocherons des statistiques de Parent-Duchatelet qui, dans son chapitre consacré au rapport de la syphilis avec la prostitution, n'a pas étudié la proportion numérique morbide des mineures et des majeures atteintes, la statistique suivante relevée vers la même époque, pour l'année 1835, sur les registres du Lock-Hopital d'Edimbourg (Écosse).

Sur 1.000 malades traitées pour la syphilis, dans cet hôpital spécial, il s'en trouvait :

```
42 au-dessous de 15 ans )        soit
662   de   15   à   20 ans }  704 mineures.
199   de   20   à   25 ans
 69   de   25   à   30 ans
 16   de   30   à   35 ans
  6   de   35   à   40 ans
  6   de  plus  de  40 ans
```

Ainsi plus des 2/3 0/00 étaient des mineures ; la plus jeune syphilitique avait 9 ans (L. Fiaux, *La Police des mœurs dans les principaux pays de l'Europe*, p. 593 ; Paris, 1888).

### INSCRIPTION DE FILLES MINEURES

### (PARIS, *suite*).

### 1855-1878.

Lecour, de 1855 à 1878, donne la statistique suivante : 2.694 mineures de 18 à 20 ans ont été inscrites ; 1.285 de 16 à 18 ans ; total 3.979 mineures inscrites. De 1857 à 1866, sur 4.097 inscriptions nouvelles, on compte 1.354 mineures, soit 33 0/0. (*La Prostitution à Paris et à Londres*, p. 165. Paris, Asselin, 1870.)

### 1872-1900.

De 1872 à 1900, Yves Guyot, L. Fiaux, Reuss, Commenge, Bard, Coffignon, Butte, Richard, G. Berry, dans leurs livres ou rapports donnent les chiffres suivants.

(Nous n'insistons pas sur l'authencité de ces statistiques confirmée soit dans le moment de leur première publication, soit par les récentes communications officielles des honorables Préfets de police, MM. Ch. Blanc et Lépine.)

| ANNÉES | MINEURES INSCRITES | |
| --- | --- | --- |
| | De 16 à 18 ans | De 18 à 20 ans |
| 1872. . . . . . | 122 | 160 |
| 1873. . . . . | 138 | 188 |
| 1874. . . . . | 152 | 174 |
| 1875. . . . . | 123 | 149 |
| 1876. . . . . | 75 | 115 |
| 1877. . . . . | 63 | 92 |
| 1878. . . . . | 59 | 114 |
| 1879. . . . . . | » | » |
| 1880. . . . . | » | 9 |
| 1881. . . . . | 4 | 133 |
| 1882. . . . . | 1 | 41 |
| 1883. . . . . | 2 | 128 |
| 1884. . . . . | 6 | 316 |
| 1885. . . . . | 41 | 368 |
| 1886. . . . . | 74 | 296 |
| 1887. . . . . | 276 | |
| 1888. . . . . | 265 | |
| 1889. . . . . | 244 | |
| 1890. . . . . | 191 | |
| 1891. . . . . | 246 | |
| 1892. . . . . | 129 | |
| 1893. . . . . | 275 | |
| 1894. . . . . | 326 | |
| 1895. . . . . | 287 | |
| 1896. . . . . | 262 | |
| 1897. . . . . | 266 | |
| 1898. . . . . | 259 | |
| 1899. . . . . | 240 | |
| 1900. . . . . | 253 | |

(Voir notamment d'Yves Guyot, *La Prostitution* (1882); de Louis Fiaux, *La Police des mœurs en France et dans les principaux pays de l'Europe* (1888) p. 166, 790; et *Abolition rationnelle de la Police des mœurs* (premier mémoire à la Conférence internationale de Bruxelles (1901). — V. de même à l'appui, le rapport de M. Turot, conseiller municipal, paru en 1904.

SYPHILIS DES FILLES MINEURES. — PROSTITUTION CLANDESTINE. — INSCRIPTION DE MINEURES SYPHILITIQUES (PARIS, *suite*).

## 1878-1887.

Le D<sup>r</sup> Commenge, dans son livre sur *la Prostitution clandestine à Paris*, nous donne le détail numérique suivant qui indique le degré de contamination des mineures, opérée par les hommes en dehors de la prostitution inscrite. Ces chiffres sont des plus importants à relever pour l'objet de la loi que nous réclamons; ils embrassent une période de dix années.

En 1878, 1.200 mineures sont arrêtées; 627 malades : 438 vénériennes, 189 syphilitiques. La syphilis constitue les 2/5 des maladies observées. Parmi les syphilitiques, des jeunes filles et enfants de 18, 17 et 14 ans : M. Commenge remarque que l'apparition des accidents syphilitiques, primitifs ou secondaires, jusqu'à l'âge de 14 ans, figure pour moitié parmi les jeunes filles de cet âge; à 15 ans, *plus de la moitié* de ces enfants (qui ne sont pas encore des prostituées au sens administratif et moral du mot) sont syphilitiques; à 16 ans, même proportion de syphilitiques; à 17 et 18 ans, la syphilis compte pour les 3/5; à 19 et 20 ans, pour les 4/5 des maladies vénériennes.

En 1880, 1.792 mineures arrêtées; 614 malades (1), 242 vénériennes, 428 syphilitiques. La syphilis constitue les 3/5 du chiffre des maladies. Parmi les syphilitiques, des jeunes filles de 16 et 17 ans, des enfants de 15, 14 et 13 ans.

En 1881, 1.111 mineures arrêtées; 476 malades : 176 vénériennes, 295 syphilitiques. La syphilis constitue les 3/5 du chiffre total; outre les syphilitiques de 19 à 20 ans, 103 syphilitiques de 17 et 18 ans et 50 de 16, 15, 14 et 13 ans.

En 1882, 1.401 mineures arrêtées; 581 malades (2) : 202 vénériennes, 386 syphilitiques. La syphilis constitue plus de la moitié du chiffre total des maladies. Toute la série se rencontre de 20 à 14 ans.

---

(1) Chiffre réel, 670.
(2) Chiffre réel, 588.

En 1883, 1.499 mineures sont arrêtées; 479 malades : 176 vénériennes, 301 syphilitiques. La syphilis constitue les 3/5 du chiffre total des maladies observées. Parmi les syphilitiques toute la série morbide se rencontre de 20 à 15, 14 et 13 ans : *sur 23 mineures de 15 ans malades, 12 sont syphilitiques.*

En 1884, 1.391 mineures sont arrêtées; 438 malades : 184 vénériennes, 265 syphilitiques. La syphilis constitue plus des 3/5 du chiffre total des maladies observées. Age des syphilitiques : de 20 à 14 ans.

En 1885, 1.232 mineures sont arrêtées; 487 malades : 280 vénériennes, 227 syphilitiques. Les 2/5 des malades sont syphilitiques. Age des syphilitiques : de 20 à 13 ans.

En 1886, 1.065 mineures sont arrêtées; 416 malades : 237 vénériennes, 172 syphilitiques. Les 2/5 des malades sont syphilitiques. Age des syphilitiques : de 20 à 14 ans.

En 1887, 888 mineures sont arrêtées; 389 malades : 246 vénériennes, 142 syphilitiques. 1/3 des malades sont syphilitiques. Age des syphilitiques : de 20 à 12 ans. *Nota :* le plus souvent le groupe des mineures de 14 à 16 ans présente à lui seul autant de syphilis que les groupes de 17 à 19 ans et 19 à 20 ans.

Au demeurant, dans cette période de 10 ans d'observations parisiennes, les accidents vénériens figurent dans la proportion de près de 46 0/0, soit 11.465 mineures, de moins de 20 ans, arrêtées, sur lesquelles il y a 4.712 vénériennes. M. Commenge insiste avec raison sur ce fait déplorable que les accidents syphilitiques les plus graves sont souvent rencontrés chez les plus jeunes de ces fillettes « à l'époque où elles ne sont encore que des enfants » ; or, sur ces 4.712 vénériennes, 2.651 sont syphilitiques. (*Op. cit.*, p. 195-206, 213-219, 229-233.)

En dehors de l'âge, M. Commenge attire également l'attention sur la position dépendante dans laquelle se trouvent un grand nombre de ces malheureuses.

En 1878, 282 domestiques de 50 à... 13 ans sont malades ; 135 sont mineures : 57 sont syphilitiques, 98 vénériennes.

En 1879, 246 domestiques de 48 à... 14 ans sont malades ; 134 sont mineures : 77 sont syphilitiques ; 63 vénériennes.

En 1880, 331 domestiques de 50 à... 14 ans sont malades ; 170 sont mineures : 125 sont syphilitiques, 64 vénériennes.

De 1880 à 1887, même proportion annuelle.

Le chiffre total des domestiques mineures

syphilitiques est de 752, lesquelles sont pour la plupart en rapport de caresses et de soins intimes avec des petits enfants. *(Op. cit.,* p. 357-370. Paris 1904, Reinwald.)

## INSCRIPTION DES FILLES MINEURES A BORDEAUX.

### 1855-1860.

Le D<sup>r</sup> Jeannel, à Bordeaux, signale, de 1855 à 1860, sur 1.004 inscriptions nouvelles, l'inscription de 206 mineures. (*Prostitution dans les grandes villes*, p. 331. Paris 1868, J.-B. Baillière.)

## INSCRIPTION DE FILLES MINEURES A MARSEILLE.

Le D<sup>r</sup> Mireur, dans son livre sur *la Prostitution à Marseille* (p. 158) note les inscriptions suivantes de mineures, de 1873 à 1882 : 103 mineures de 20 ans; 89 de 19 ans; 78 de 18 ans; 56 de 17 ans; 35 de 16 ans; 12 de 15 ans; 1 de 14 ans.

## INSCRIPTION ET SYPHILIS DES FILLES MINEURES

### EN RUSSIE.

### 1873-1875.

Peu de médecins en Europe ont traité d'une façon plus concluante la question des mineures dans ses rapports avec la syphilis que le très éminent médecin russe Sperk. L'extrême rigueur de ses recherches et de ses calculs a été pour beaucoup dans l'élucidation des plus importants problèmes de cette partie de l'hygiène publique; nous résumons ses principales statistiques, relatives à l'état sanitaire des mineures inscrites et libres, traitées pour la syphilis à l'hôpital Kalikinsky, de Pétersbourg.

Le 1er janvier 1873, sur 1.486 femmes en maisons, 315 ont moins de 15 à 20 ans, sur lesquelles 174 ont été inscrites et internées en 1872; sur ces 315 mineures, 163 sont syphilitiques. A la même date sur 1.047 femmes isolées, 299 sont âgées de 15 à 20 ans, sur lesquelles 260 ont reçu la carte de prostitution autorisée en 1872 : 114 sont syphilitiques. OEuvres compl., t. Ier, tabl. II, III et XI, p. 93 et 113. Paris, Doin, 1896).

De 1873 à 1875, une moyenne de 970 à 1.080 femmes en maisons donne une moyenne de 310 à 360 syphilitiques, au nombre desquelles les jeunes filles de 15 à 20 ans figurent une moyenne annuelle de 31 à 42 syphilitiques, environ 13 0/0 rapportées au chiffre des présentes. (*Op. cit.*, II, p. 254-255.)

En 1875, sur un effectif présent de 968 femmes

en maison, 233 ont de 15 à 20 ans : 200 sont syphilitiques ; 142 sont en pleine floraison contagieuse ; 7 sont tertiaires. (*Op. cit.*, t. II, p. 260.)

Pour les années 1872-75, sur un total de 123 accidents syphilitiques primitifs, 81 frappent des isolées de 15 à 20 ans, soit 65 mineures sur 100 des cas. Pendant le même laps triennal, sur 658 filles en cartes atteintes d'accidents secondaires, 306 ont été contaminées de 15 à 20 ans. (*Op. cit.*, II, 306 et suiv.)

Sperk note la même fréquence des syphilis chez les mineures libres de toute carte, entrant volontairement à l'hôpital.

En 1874, sur 125 femmes de 15 à 50 ans atteintes de l'ulcère syphilitique, 23 ont de 15 à 20 ans, soit 1/6 du chiffre total.

En 1875, sur 80 femmes de 15 à 50 ans atteintes de l'ulcère syphilitique, 21 ont de 15 à 20 ans, soit 1/4.

En 1874, sur 299 femmes atteintes d'accidents secondaires, 74 ont de 15 à 20 ans.

En 1875, sur 320 femmes atteintes d'accidents secondaires, 69 ont de 15 à 20 ans.

Quant aux femmes non inscrites, mais amenées à l'hôpital *manu militari*, en 1874, sur 65 de ces femmes en état de syphilis secondaire, 22 ont de 15 à 20 ans; et, en 1875, sur 52 secondaires, 15 ont de 15 à 20 ans. (*Op. cit.*, II, p. 318-320) (1).

***

(1) Nous croyons devoir mettre sous les yeux du lecteur cette belle page de Sperk, que l'on pourrait intituler : *Supériorié de la prophylaxie individuelle ou morale sur toute prophylaxie administrative*. Nous ne ferons qu'une réserve. Sperk renvoie, plus en moraliste qu'en médecin sociologue, au reproche de sa conscience le syphilitique qui a contaminé son prochain : nous croyons que l'action pénale remplacera avantageusement cette conscience qui figure un juge évidemment trop enclin à l'absolution systématique.

« En présence du peu de succès des mesures de répression contre la syphilis, écrit l'éminent médecin russe, on en est souvent venu à penser que tous les efforts de la police sanitaire seront impuissants, tant que la société elle-même restera indifférente. Cela est vrai : la société a le devoir de s'occuper elle-même de sa défense contre l'infection syphilitique; il ne lui appartient pas de rester simple spectatrice dans la lutte.

» Mais de quelle façon y prendra-t-elle part?

» Nous pensons que l'unique moyen pour elle d'y jouer un rôle efficace, c'est de se pénétrer des lois fondamentales de la propagation du fléau et d'apprendre ainsi à l'éviter.

» Les personnes que la triste nécessité force d'avoir recours aux prostituées devront être prévenues que la syphilis conserve plusieurs années sa virulence et qu'il n'*est pas de surveillance médicale qui puisse garantir de la contagion pendant les premières années de la maladie*.

» Un homme encore indemne, sous peine de contamination, ne devrait jamais se risquer avec une femme qui est encore dans les 2 ou 3 années après son infection.

» Inversement, *tout homme atteint de syphilis qui entre en rapport sexuel avec une femme saine, pendant les premières années de sa maladie, prend sur sa conscience la mauvaise action d'avoir infecté son prochain.*

» Voilà l'idée qui doit présider à toute mesure tendant à enrayer la propagation de la syphilis par la prostitution. » (*Œuvres compl.*, t. I<sup>er</sup>, p. 310.)

INSCRIPTION ET SYPHILIS DES FILLES MINEURES.

PARIS *(suite et fin)*.

*Faits et statistiques présentés à la Conférence
de Bruxelles en septembre 1899.*

Les documents fournis pour la France à
la Conférence internationale de Bruxelles ont
confirmé les conclusions des observations qui
précèdent avec une certitude qui peut leur
faire donner, du fait de leur répétition même,
le nom de loi. Trois médecins français ont
apporté de ce chef des statistiques capitales
d'autant plus significatives qu'elles étaient
réunies dans des groupes sociaux divers et
dans un but, à l'origine du moins, différent :
MM. le Pr Alfred Fournier, médecin de Saint-
Louis, et les Drs Le Pileur et Jullien, médecin et
chirurgien de Saint-Lazare.

*Statistique du Dr Le Pileur (Saint-Lazare, 1890-99)
médecin de l'infirmerie-prison.*

Le Dr Le Pileur, médecin de Saint-Lazare, a
pu, par une enquête habilement menée, déterminer les faits suivants concernant 718 femmes
syphilitiques traitées dans son service.

Sur ces 718 syphilitiques, 2 avaient été contaminées de 50 à 40 ans; 10 de 40 à 35; 17 de 35 à 30; 48 de 30 à 25; 143 de 25 à 20; 452 de 20 à 16 ans; 46 avant 15 ans.

Sur 431 filles *inscrites*, 279 avaient contracté la syphilis avant 20 ans comme insoumises ou soumises.

Sur 40 filles *de maison*, syphilitiques, 28 avaient contracté la syphilis avant 20 ans, avant ou après l'inscription.

Le détail donne les chiffres suivants qui emportent avec eux leur commentaire : sur 519 filles syphilitiques âgées de moins de 21 ans, nous voyons que 72 avaient été contaminées dans leur vingtième année; 94 à 19 ans; 102 à 18 ans; 102 à 17 ans; 87 à 16 ans; 51 à 15 ans; 10 à 14 ans; 1 à 13 ans (soit 62 avant 16 ans révolus); à 21 ans le chiffre des cas individuels de contamination tombait à 37, pour descendre encore à 17 dans la vingt-cinquième année et à 5 dans la trentième.

Il importe peu de réengager ici le débat soulevé par la Conférence de Bruxelles, à savoir si la prostitution clandestine de la mineure ou la prostitution en carte et en maison de cette même mineure assurent plus rapidement, l'une que l'autre, la syphilisation de la jeune fille;

que sur 100 filles mineures inscrites, 40 aient été syphilisées avant leur inscription et les 60 autres immédiatement après, ou inversement, il importe peu, pour notre proposition de protection générale de la mineure.

Ajoutons, fait recherché avec raison par M. le D<sup>r</sup> le Pileur, qu'un grand nombre de ces malheureuses enfants avaient été contaminées avant tout acte prostitutionnel, c'est-à-dire en se donnant à un séducteur infectant qui les avait naturellement abandonnées. (*Rapport à la Conférence*, p. 45-48, 51, 57, 64. Bruxelles, Lamertin, 1900.)

*Statistique du D<sup>r</sup> Jullien, professeur agrégé.*
*(Infirmerie-prison de Saint-Lazare, 1888-98).*

Le D<sup>r</sup> Jullien, agrégé des facultés et chirurgien de Saint-Lazare, arrive à des conclusions identiques à celles de son collègue M. Le Pileur.

Parmi les jeunes malades qu'il a observées dans son service, trois années de jeunesse sont surtout fâcheuses : les 17<sup>e</sup>, 18<sup>e</sup> et 19<sup>e</sup> années.

Sur 1.000 jeunes femmes syphilitiques, 836 ont de 12 à 25 ans; 132 de 25 à 40 ans; 32, 40 ans et plus.

Le détail du chiffre des mineures donne

176 syphilitiques avant 17 ans : 482 de 17 à 21 ans; total avant 21 ans : 658 mineures syphilitiques sur 1.000 femmes atteintes.

De 17 à 20 ans, il faut donc compter 47,95 cas de syphilis pour 100 malades syphilitiques, c'est-à-dire la moitié des cas. « C'est l'âge de la syphilisation par excellence » dit M. Jullien.

De 21 à 22 ans, la syphilisation tombe à 28,45 cas de syphilis pour 100 malades syphilitiques.

A cet âge, comme on voit, un an, deux ans de plus d'expérience de la vie se traduisent chez la jeune femme par une amélioration considérable dans l'intégrité de la santé sexuelle, due évidemment à une méfiance, à une circonspection qu'on ne trouve pas chez la fillette.

Cette constatation se traduit encore par les chiffres proportionnels suivants qui montrent le danger de contamination pour la jeune fille qu'elle soit inscrite ou non.

M. Jullien a relevé les statistiques ci-dessous :
Nous voyons avec lui que les clandestines de 17 à 21 ans sont infectées.

| | | | |
|---|---|---|---|
| A 17 ans, *dans la proportion* de : | | | 18 0/0 |
| 18 | — | — | 17 0/0 |
| 19 | — | — | 16 0/0 |
| 20 | — | — | 11 0/0 |
| 21 | — | — | 9 0/0 |

Et les inscrites :

A 18 ans *dans la proportion de 29 0/0*
*(au lieu de 17 0/0 les clandestines)* (1).

De 22 à 23 ans. .   12 50 à 16 0/0

Le danger va en décroissant, sans disparaître toutefois, pour la femme qui pratique encore la prostitution d'une façon continue à l'âge de 30 ans. (*Conf. de Bruxelles*, t. II, Compte rendu des séances, p. 53, 58, 59. Bruxelles, Lamertin, 1900.)

## II

### SYPHILIS DES JEUNES GENS.

§ 1er. — *Syphilis des mineurs adolescents et des jeunes gens (10.000 cas).*

§ 2. — *Syphilis des filles mineures (statistique des filles non inscrites (1.000 cas); clientèle de la ville.*

Le Pr Fournier a, comme on sait, été en 1888 devant l'Académie de médecine, le promoteur d'un projet de loi et de réglementation qui aboutirait à transformer l'inscription et la con-

---

(1) L'indication est donnée par un médecin réglementariste, ne l'oublions pas, réglementariste réformiste d'ailleurs.

dition de prostituée, en principes légaux, de faits arbitraires qu'ils sont présentement. Les statistiques dressées par le maître qui dès le début de sa carrière scientifique a toujours fait usage de la « fiche individuelle » dans ses pratiques hospitalière et privée, ont une importance évidente dans la genèse de ses propositions.

Au moment où il publie son intéressant rapport à la Conférence de Bruxelles (1899), M. Fournier a déjà collecté l'observation de 11.000 cas de syphilis traités par lui en ville : 10.000 hommes, 1.000 femmes.

§ 1ᵉʳ. — *Syphilis des hommes (civils et soldats).*

En pareille matière, étant données la rareté antérieure des documents spéciaux et la précision actuelle des documents de M. Fournier, visant les hommes, il est essentiel de soumettre au lecteur non des extraits, mais les statistiques mêmes du professeur de la Faculté de Paris, dans leur intégralité.

Le tableau ci-dessous met en parallèle la syphilis des hommes (civils) et celle des femmes.

| Age de la contamination | Hommes (10.000 cas) | Femmes (1.000 cas) |
| --- | --- | --- |
| 14 ans . . . . . | 0 | 6 |
| 15 — . . . . . | 16 | 12 |
| 16 — . . . . . | 38 | 22 |
| 17 — . . . . . | 119 | 33 |
| 18 — . . . . . | 277 | 62 |
| 19 — . . . . . | 367 | 74 |
| 20 — . . . . . | 610 | 104 |
| 21 — . . . . . | 699 | 74 |
| 22 — . . . . . | 840 | 49 |
| 23 — . . . . . | 819 | 61 |
| 24 — . . . . . | 789 | 61 |
| 25 — . . . . . | 774 | 59 |
| 26 — . . . . . | 629 | 45 |
| 27 — . . . . . | 546 | 38 |
| 28 — . . . . . | 497 | 50 |
| 29 — . . . . . | 388 | 35 |
| 30 — . . . . . | 371 | 27 |
| 31 — . . . . . | 256 | 15 |
| 32 — . . . . . | 237 | 33 |
| 33 — . . . . . | 183 | 19 |
| 34 — . . . . . | 188 | 10 |
| 35 — . . . . . | 151 | 17 |
| 36 — . . . . . | 115 | 10 |
| 37 — . . . . . | 131 | 15 |
| 38 — . . . . . | 97 | 10 |
| 39 — . . . . . | 103 | 4 |
| 40 — . . . . . | 93 | 6 |
| 41 — . . . . . | 74 | 7 |
| 42 — . . . . . | 69 | 8 |

| Age de la contamination | Hommes (10.000 cas) | Femmes (1.000 cas) |
|---|---|---|
| 43 ans . . . . . | 48 | 3 |
| 44 — . . . . . | 51 | 12 |
| 45 — . . . . . | 59 | 2 |
| 46 — . . . . . | 42 | 3 |
| 47 — . . . . . | 35 | 1 |
| 48 — . . . . . | 36 | 2 |
| 49 — . . . . . | 28 | 4 |
| 50 — . . . . . | 38 | 0 |
| 51 — . . . . . | 23 | 3 |
| 52 — . . . . . | 21 | 2 |
| 53 — . . . . . | 23 | 0 |
| 54 — . . . . . | 25 | 2 |
| 55 — . . . . . | 21 | 0 |
| 56 — . . . . . | 11 | 0 |
| 57 — . . . . . | 7 | 0 |
| 58 — . . . . . | 13 | 0 |
| 59 — . . . . . | 7 | 0 |
| 60 — . . . . . | 16 | 0 |
| 61 — . . . . . | 8 | 0 |
| 62 — . . . . . | 7 | 0 |
| 63 — . . . . . | 1 | 0 |
| 64 — . . . . . | 6 | 0 |
| 65 — . . . . . | 7 | 0 |
| 66 — . . . . . | 2 | 0 |
| 67 — . . . . . | 2 | 0 |
| 68 — . . . . . | 1 | 0 |
| 69 — . . . . . | 4 | 0 |
| 70 — . . . . . | 1 | 0 |
| 71 — . . . . . | 1 | 0 |

L'examen du tableau des 10.000 hommes syphilitiques met en lumière une série de faits d'une importance diverse et capitale pour notre matière.

Nous voyons d'abord que l'adolescent, le jeune homme dont nous demandons la protection sanitaire, est frappé dans des proportions numériques énormes : le mal l'atteint dans son inexpérience et sa naïveté débutantes, dès que la puberté l'incite à la vie intersexuelle.

De 15 à 21 ans, nous comptons 1.826 jeunes syphilitiques virils : c'est-à-dire qu'en six ans de prime jeunesse et de jeunesse, l'homme arrive à se faire contaminer, sur une masse de syphilis viriles données, dans la proportion de 1/5 de cette masse. Les 4/5 des 10.000 hommes syphilitiques restant mettent 50 années (21-71 ans) à se faire contaminer.

Le *summum* des contaminations, déjà si élevé à partir de la 17e année, atteint des chiffres vraiment considérables de la 20e année à la 23e. L'ascension des contaminations syphilitiques se fait chaque année non par une gradation lente, mais par bonds ; les écarts se chiffrent par 100 et 200 cas d'augmentation. En 6 ans, de 15 à 23 ans, le saut de la morbidité est le passage ascensionnel de 16 à 819 cas !

A partir de 23 ans, jusque vers la 32e année, en 10 ans, la décroissance se fait par une gradation qui indique les progrès réalisés par l'âge et la condition sociale, dans la raison et la vie sexuelle (mariage) de l'homme.

Les chiffres, cependant, demeurent encore suffisamment élevés et si, passant à un ordre d'idées différentes, après avoir considéré la nécessité de protéger la santé des adolescents, nous considérons ces chiffres de syphilis d'hommes âgés de 25 à 50 ans et plus, nous comprenons que l'on conclue à la nécessité prolongée de protéger les femmes contre les contaminations émanées de ces hommes conscients de leur mal, ceux-là, et ne le communiquant qu'à bon escient.

Si les adolescents et les jeunes hommes ont la supériorité numérique proportionnelle de 15 à 21 ans sur leurs 7.874 congénères, les chiffres absolus de ces autres syphilitiques trentenaires, quadragénaires, quinquagénaires, etc., constituent des groupements statistiques, de véritables foules sur lesquelles un médecin et un sociologue, nous nous hâtons de l'observer, ne peuvent, dans ce débat, fermer les yeux.

Les statistiques de M. A. Fournier indiquent ici que le nombre des hommes syphilitiques serait beaucoup plus élevé que celui des femmes atteintes du même mal. Cette proportion a été tantôt infirmée, tantôt confirmée (D^rs Giersing, Ch. Mauriac); détruite ou consolidée, au point de vue de la protection des femmes et de la répression masculine et féminine tout ensemble, elle laisse absolument intacts l'esprit et le but du présent projet de loi.

Les hommes malades, quel que soit leur nombre, supérieur ou inférieur à celui des femmes malades, en demeurant libres de propager leur mal, *restent d'une façon intangible, irréductible*, les vrais auteurs des statistiques de morbidités masculines qui atteindront leurs contemporains et leurs successeurs. Les femmes contaminées sont l'intermédiaire qu'on aura beau *s'obstiner à supprimer seul*; si la syphilis n'est pas inquiétée et réprimée chez les hommes qui contaminent ces femmes, jamais le jour, appelé par M. Fournier, — celui qui réaliserait le rêve d'une extinction ou d'une heureuse réduction de la syphilis, — n'aura son lever de soleil!

Le tableau de l'importance des contaminations syphilitiques viriles ne serait pas complet si nous n'ajoutions ici ces lignes et ces chiffres, relatifs à l'armée, que nous empruntons aux Statistiques annuelles publiées par le Ministère de la Guerre et à l'excellent rapport du D⁰ Burlureaux, ancien agrégé du Val-de-Grâce, que le D⁰ Ozenne a très opportunément intercalé dans son rapport personnel à la *première Conférence de Bruxelles de 1899* (p. 193) :

« Une conséquence affligeante et inattendue relevée par la statistique, écrit (en septembre 1899) le D⁰ Burlureaux, est la suivante :

» Les soldats paient pendant la première année qu'ils passent sous les drapeaux un tribut énorme à la syphilis.

» Sur 199.160 jeunes soldats, on en comptait, en 1895, 1.648 qui avaient contracté la syphilis en cette première année de service, soit une proportion de 8,2 0/00.

» En d'autres termes, c'est pendant leur première année de service qu'ils sont le plus exposés. Sans doute, dans l'espèce, il faut incriminer leur inexpérience bien plus que l'inconduite habituelle, et le fait démontre l'erreur des chefs de corps pour lesquels il y a équation entre syphilis et inconduite.

» Cette notable proportion de jeunes soldats devrait inspirer aux pères de famille des réflexions salutaires et à l'autorité militaire certaines mesures (conférences médicales, distribution de petit manuel spécial comme celui de l'infirmier militaire, secret professionnel, consultations individuelles et non publiques, punition de la dissimulation du mal, etc.) afin de préserver dans la mesure du possible nos enfants à peine conscrits contre le danger qui les guette à l'arrivée au régiment. »

A cette significative page de ce distingué ancien professeur agrégé de médecine militaire, nous ajouterons seulement que si l'on se reporte au chiffre de l'effectif total de l'armée française pour l'année 1895, soit 489.785 hommes, et au chiffre total des syphilis, 4.355 pour tout l'effectif, on voit à quel taux considérable est frappé le contingent de la première année de service qui figure dans le chiffre de 4.355 pour 1 648 cas.

§ 2. — *Observations comparatives sur la syphilis des mineurs des deux sexes.*

L'examen du tableau relatif aux femmes syphilitiques confirme les statistiques de Sperk, de Le Pileur, de Commenge, de Jullien, etc., une fois de plus, grâce à la longue expérience de l'éminent professeur de Saint-Louis.

Ici de même les pauvres fillettes, presque des enfants, sont contaminées dans des proportions affligeantes. Leur syphilisation commence plus tôt que chez leurs voisins, les jeunes garçons;

7.

la progression également très rapide se fait d'année en année de minorité par sauts de plus en plus élevés, pour atteindre ses maxima à l'âge de 19 et 20 ans. De 14 à 19 ans, le chiffre absolu des jeunes filles contaminées étant de 209 cas sur 1.000 syphilitiques, on voit qu'ici aussi la proportion de ces malheureuses syphilisées en 6 ans, est de $1/5$ rapporté aux chiffres des syphilitiques restantes; les 791 autres, les $4/5$, ont mis 30 années (22 ans à 52 ans) pour compléter le groupement syphilitique réuni par l'observation à longue vue de M. Fournier. (Voir rapport du P[r] Fournier à la *Conférence de Bruxelles* de 1899, t. Ier, p. 38-45.)

On ne peut s'empêcher d'observer en continuant l'étude du tableau des syphilis féminines que les chiffres absolus de 22 à 30 ans sont encore assez élevés. Certes ils décroissent rapidement et tombent à quelques unités de 30 à 40 ans, pour devenir assez faibles au delà, mais ils demeurent encore notables.

Les communications antérieures du P[r] A. Fournier à l'Académie nous renseignent sur la qualité sociale des femmes syphilisées à un âge sinon avancé — du moins moyen — de la vie : ici c'est très souvent la syphilis *insontium*, la syphilis des « innocents » qui sévit. Partie sans doute des prostituées, la syphilis va frapper des femmes devenues malades en dehors de tout acte répréhensible personnel. Cette catégorie de personnes (1) bénéficiera indirectement de l'état de choses légal nouveau que nous réclamons puisqu'il raréfiera la syphilis masculine.

De l'ensemble de ces documents, le lecteur pourra maintenant conclure pourquoi la Conférence internationale de Bruxelles, réunie pour déterminer les moyens de préserver la santé sexuelle des populations, a cru devoir, sur la proposition de plusieurs de ses membres et notamment de M. le P$^r$ A. Fournier et de son éminent président M. le ministre d'État Lejeune, émettre :

« Un vœu unanime qui invitait les gouvernements à ne plus permettre dans les règlements de leur police spéciale, la mise en carte des jeunes filles en état de minorité civile. »

Toute excellente que soit cette mesure définitive ou... transitoire, — si, toutefois, elle passe d'un programme théorique de Conférence dans

_______

(1) Sur la syphilisation des femmes (mariées) par *le mari* (*in Bulletin de l'Académie de médecine : Sources de la syphilis chez la femme*, n$^{os}$ des 25 octobre 1887, 2 et 9 octobre 1906. V. III° partie et *Appenddice*, p. 174-179, 243.

l'application ou l'expérimentation, — elle est évidemment insuffisante puisque, en dehors même de l'inscription, la jeune fille mineure peut être et est la victime de contaminations également très nombreuses.

## III

VIE INTERSEXUELLE PRÉMATURÉE DES JEUNES FILLES MINEURES. — LEUR SYPHILISATION. — LES HOMMES AUTEURS DU DÉTOURNEMENT ET DE LA CONTAMINATION. — STATISTIQUES DU D<sup>r</sup> MARTINEAU, MÉDECIN DE LOURCINE ET DU D<sup>r</sup> LE PILEUR, MÉDECIN DE SAINT-LAZARE. (DÉPARTEMENTS FRANÇAIS ET PARIS, 1882-1890-1899.)

Avant de terminer cet exposé des motifs, nous voudrions résumer toute une catégorie de recherches faites par le D<sup>r</sup> Le Pileur, sur un sujet d'ordre assez délicat, mais qui achève de faire connaître la précocité déplorable de la vie intersexuelle des fillettes dans nos grandes villes. Avant M. Le Pileur, un médecin de Lourcine, feu Martineau, avait également publié des statistiques parisienne et provinciale sur la même matière. Le but sociologique ici poursuivi justifiera le texte et les chiffres suivants aux yeux du lecteur, ennemi, comme nous, de toute publication d'une inutilité malséante :

Sur 582 jeunes filles et femmes syphilitiques M. Le Pileur a pu constater *(Rapport cité)* que :

| | | |
|---|---|---|
| 6 filles avaient été déflorées de | 10 à 11 ans. |
| 2 — | 11 à 12 — |
| 8 — | 12 à 13 — |
| 24 — | 13 à 14 — |
| 50 — | 14 à 15 — |
| 142 — | 15 à 16 — |
| 106 — | 16 à 17 — |
| 86 — | 18 à 19 — |
| 38 — | 19 à 20 — |
| 24 — | 20 à 21 — |
| 11 femmes | 21 à 22 — |
| 11 — | 22 à 23 — |
| 7 — | 24 à 26 — |

M. Le Pileur résume ce tableau doublement pitoyable, rapproché des statistiques morbides, par cette note concise qu'il pique comme une épigraphe sur la question des mineures :

> *Déflorée à 16 ans ;*
> *Prostituée à 17 ;*
> *Syphilitique à 18.*

Les statistiques du D<sup>r</sup> Martineau doivent être rappelées ici ; elles résument les observations de ce médecin pour une seule année, 1882.

Sur 72 filles *syphilitiques*, originaires des départements, traitées à Lourcine, 3 avaient été déflorées dans leur pays d'origine avant 11 ans, 3 de 12 à 13 ans, 23 de 14 à 15 ans, 18 de 16 à 17 ans, 12 de 18 à 19 ans, 3 à 20 ans, le reste, 10, de 21 à 28 ans.

Sur 535 filles originaires, celles ci, de Paris, *syphilitiques*, traitées à Lourcine, 16 avaient été déflorées à Paris avant 13 ans (soit 2 à 9 ans, 1 à 10 ans, 1 à 11 ans, 2 à 12 ans, 10 à 13 ans), 22 à 14 ans, 77 à 15 ans, 61 à 16 ans, 104 à 17 ans, 88 à 18 ans, 58 à 18 ans 1/2 et 19 ans, 32 à 20 ans, 23 à 20 ans 1/2 et 21 ans, le reste 41 de 21 à 25 ans, 12 de 25 à 37 ans.

L'âge et la condition sociale des hommes qui ont joué ce rôle de double dépravation soit en contaminant eux-mêmes, soit en préparant la prostitution contaminatrice par l'abandon après la séduction, ayant leur importance dans les motifs de protection féminine qui nous font présenter ce projet de loi, nous les indiquons ici.

Sur les 607 déflorateurs nous ne relevons d'abord que 44 maris.

En ajoutant ces maris à la masse des déflorateurs de passage, nous trouvons, au point de vue de l'âge, que :

110 déflorateurs sont âgés de 15 à 20 ans
269      —              —      20 à 25 —
156      —              —      25 à 30 —
 43      —              —      30 à 35 —
 22      —              —      40 et plus

La condition sociale des déflorateurs n'importe pas moins à nos yeux; elle localise les responsabilités : *cuique* (blouse, uniforme ou redingote) *suum*.

Chez les 72 auteurs des déflorations pratiquées sur les mineures provinciales, nous relevons en dehors de 5 maris, 8 personnages de qualité exceptionnelle que voici : Martineau donne, outre leur profession, l'âge de ces déflorateurs en regard de l'âge de la mineure :

| Nombre de filles | Age de la fille au moment de la défloration | Qualité du déflorateur | Age du déflorateur au moment de la défloration |
|---|---|---|---|
| 1 | 13 ans | le père | 45 ans |
| 1 | 14 — | officier allemand (guerre de 1870) | 28 — |
| 1 | 14 — | commissionnaire en vins | 26 — |
| 1 | 15 — | conseiller de Préfecture | 32 — |
| 1 | 17 — | lieutenant de vaisseau | 33 — |
| 1 | 20 — | banquier | 40 — |
| 1 | 21 — | clerc de notaire | 22 — |
| 1 | 24 — | médecin | 24 — |

Les 59 autres victimes ont toutes été déflorées par des individus emp'oyés à des travaux manuels, ouvriers de villes ou de campagne.

Sur les 535 auteurs des déflorations pratiquées sur les jeunes Parisiennes, nous relevons, en dehors des 39 maris, 75 personnages dont la condition sociale ne doit pas être confondue avec celle du commun habituel des autres déflorateurs. Si, pour être scrupuleusement exact, nous limitons nos recherches aux seules filles *mineures* (négligeant les 50 filles environ, âgées de plus de 21 ans et leurs déflorateurs) nous trouvons les indications suivantes relatives au nombre de ces filles mineures, à la condition sociale particulière du déflorateur, à l'âge de la déflorée et à celui du déflorateur au moment de la défloration :

| Nombre de filles | Age de la fille au moment de la défloration | Qualité du déflorateur | Age du déflorateur au moment de la défloration |
|---|---|---|---|
| | | *Parents.* | |
| 1 | 9 ans | oncle | 40 ans |
| 1 | 13 | cousin | 15 — |
| 1 | 16 — | oncle | 25 — |

| Nombre de filles | Age de la fille au moment de la défloration | Profession du déflorateur | Age du déflorateur au moment de la défloration |
| --- | --- | --- | --- |

### *Patrons, commerçants, personnes susceptibles d'avoir autorité, etc.*

| Nombre de filles | Age de la fille au moment de la défloration | Profession du déflorateur | Age du déflorateur au moment de la défloration |
| --- | --- | --- | --- |
| 1 | 13 ans | suisse d'église | 32 ans |
| 1 | 14 — | contremaitre | 26 — |
| 1 | 14 — | patron | 27 — |
| 1 | 15 — | rentier | 60 — |
| 1 | 16 — | rentier | 45 — |
| 1 | 16 — | caissier | 22 — |
| 1 | 16 — | agent de police | 23 — |
| 1 | 16 — | rentier | 38 — |
| 1 | 17 — | patron marchand de vins | 32 — |
| 1 | 17 — | patron marchand de vins | 35 — |
| 1 | 18 — | marchand de chevaux | 35 — |
| 1 | 18 — | commerçant | 50 — |
| 1 | 18 — | bijoutier | 32 — |
| 1 | 19 — | chef de rayon | 26 — |
| 1 | 19 — | son propriétaire | 53 — |
| 1 | 19 — | marchand de bois | 22 — |
| 1 | 19 — | marchand de nouveautés | 27 — |
| 1 | 20 — | patron de café | 30 — |

### *Étudiants, artistes.*

| Nombre de filles | Age de la fille au moment de la défloration | Profession du déflorateur | Age du déflorateur au moment de la défloration |
| --- | --- | --- | --- |
| 1 | 14 — | sculpteur | 21 — |
| 1 | 14 — | clerc d'huissier | 18 — |
| 1 | 15 — | comédien | 24 — |
| 1 | 15 — | dessinateur | 20 — |

| Nombre de filles | Âge de la fille au moment de la défloration | Profession du déflorateur | Âge du déflorateur au moment de la défloration |
|---|---|---|---|
| — | — | — | — |

*Étudiants, artistes (suite).*

| Nombre de filles | Âge de la fille au moment de la défloration | Profession du déflorateur | Âge du déflorateur au moment de la défloration |
|---|---|---|---|
| 1 | 15 ans | employé des Ponts et Chaussées | 20 ans |
| 1 | 16 — | étudiant en médecine | 27 — |
| 1 | 16 — | collégien | 18 — |
| 1 | 16 — | employé de bureau | 22 — |
| 1 | 16 — | employé de bureau | 20 — |
| 1 | 16 — | étudiant en droit | 24 — |
| 1 | 16 — | étudiant en médecine | 20 — |
| 1 | 17 — | peintre | 25 — |
| 1 | 17 — | sculpteur | 20 — |
| 1 | 17 — | machiniste en chef de théâtre | 40 — |
| 1 | 17 — | artiste peintre (Anglais) | 23 — |
| 1 | 17 — | étudiant en pharmacie | 22 — |
| 1 | 17 — | clerc de notaire | 22 — |
| 1 | 17 — | étudiant en médecine | 21 — |
| 1 | 18 — | étudiant en pharmacie | 28 — |
| 1 | 18 — | étudiant en pharmacie | 23 — |
| 1 | 18 — | croupier de cercles | 26 — |

*Professions libérales ou militaires, etc.*

| Nombre de filles | Âge de la fille au moment de la défloration | Profession du déflorateur | Âge du déflorateur au moment de la défloration |
|---|---|---|---|
| 1 | 15 — | officier | 30 — |
| 1 | 15 — | officier | 24 — |
| 1 | 15 — | avocat | 23 — |
| 1 | 15 — | architecte | 36 — |
| 1 | 15 — | adjudant militaire | 23 — |

| Nombre de filles | Age de la fille au moment de la défloration | Profession du déflorateur | Age du déflorateur au moment de la défloration |
|---|---|---|---|
| — | — | — | — |

*Professions libérales ou militaires, etc. (fin).*

| | | | |
|---|---|---|---|
| 1 | 16 ans | officier | 32 ans |
| 1 | 16 — | officier d'artillerie | 21 — |
| 1 | 17 — | médecin | 25 — |
| 1 | 17 — | lieutenant d'infanterie | 28 — |
| 1 | 17 — | pharmacien | 25 — |
| 1 | 17 — | médecin militaire | 33 — |
| 1 | 17 — | professeur d'escrime | 27 — |
| 1 | 18 — | lieutenant d'infanterie | 25 — |
| 1 | 18 — | professeur | 25 — |
| 1 | 18 — | sergent-major | 25 — |
| 1 | 18 — | médecin | 40 — |
| 1 | 18 — | soldat | 25 — |
| 1 | 18 — | soldat | 22 — |
| 1 | 19 — | officier | 22 — |
| 1 | 19 — | journaliste | 28 — |
| 1 | 19 — | receveur-buraliste | 35 — |

S'adressant aux filles de 21 à 28 et 36 ans, nous trouvons (pour être complet) parmi les déflorateurs à souligner : 1 sergent de ville, 1 sergent-major, 1 soldat-ordonnance, 2 soldats, 1 musicien-militaire, 3 marchands, 1 boursier, 1 étudiant en médecine et des maris.

La profession de tous les autres déflorateurs, (quand elle a pu être fixée, car il reste nombre de déflorateurs sur lesquels les filles n'ont pu donner le moindre renseignement ! est adéquate à celle des déflorées, ce sont tous des ouvriers, manœuvres, petits salariés, gagés quotidiens des métiers manuels les plus divers. (*La Prostitution clandestine*, Paris, 1885, Delahaye et Lecrosnier, édit., p. 38, 41-45, 46-67.) Sur ce même point M. Le Pileur, pour ses 582 syphilitiques, donne les chiffres suivants : déflorateurs ouvriers 317, parents (oncle, cousin, frère, père) 8, profes sions libérales 65, patrons 16; la condition sociale des autres déflorateurs n'a pu être déterminée. (Rapp. cité de Le Pileur, p. 81.)

Quant à la condition sociale même des jeunes femmes elle est, d'après Martineau, dans l'immense majorité — ouvrière ou ancillaire.

Sur les 72 déflorées provinciales, nous relevons 39 domestiques; sur les 535 déflorées parisiennes, 150 domestiques. La province ne donne aucune femme exerçant un métier tenant aux théâtres ou aux arts, sauf un modèle, fillette de Naples, âgée de 11 ans, déflorée par un peintre âgé de 30 ans. Parmi les déflorées parisiennes, nous trouvons : 1 artiste de théâtre parisien périphérique, âgée de 15 ans (déflorée par un cordonnier de 24 ans), 1 institutrice de 21 ans (déflorée par un boursier de Faculté de

28 ans), 1 danseuse âgée de 18 ans, déflorée par un professeur âgé de 25 ans. Les salariées des industries, mode, couture, lingerie, passementerie, blanchisserie fournissent à Paris un contingent considérable, après la domesticité. (Martineau, *op. cit.*)

M. Le Pileur, pour 1.963 prostituées syphilitiques, donne le tableau suivant de leurs professions (Rapp. cité, p. 84) :

| | |
|---|---|
| Gagistes et employées de tous ordres. . . . . . | 644 |
| Employées aux travaux pour femmes . . . . | 696 |
| —              —              hommes . . . . | 60 |
| —              —              les 2 sexes . . . | 213 |
| Métiers concernant le mobilier . . . . . . . | 18 |
| —              la consommation. . . . . | 34 |
| —              le livre ou le papier . . . | 83 |
| —              les métaux . . . . . . . . | 19 |
| —              l'article de Paris. . . . . | 71 |
| Métiers tenant aux théâtres et aux arts. . . . . | 33 |
| —              travaux des champs . . . | 3 |
| —              —        usines . . . . . | 5 |
| —              chiffonniers . . . . . . . . | 6 |
| —              sans profession. . . . . . | 78 |

Ces proportions numériques sont les mêmes que celles relevées en 1832 par Parent-Duchatelet et en 1857 par les distingués éditeurs de sa 3ᵉ édition, MM. A. Trébuchet et Poirat-Duval, chefs de bureau à la Préfecture de police. Les domestiques, femmes de ménage, etc., figurent dans les statistiques du Régime de Juillet et du Second Empire dans la proportion de 84 0/00, la plus élevée de toutes. Les modistes, couturières, lingères, blanchisseuses sont notées dans la proportion de 22 à 13 0/00. Les artistes dramatiques dans la proportion d'environ 14 0/00. (T. I, p. 78-84. Paris, 1857.)

Le lecteur a sous les yeux l'ensemble des faits et des raisons qui ont déterminé un membre déjà ancien de la *Fédération abolitioniste*, à présenter un projet de loi qu'il croit propre à rendre plus pratique et plus inattaquable l'action de cette grande association internationale. Liberté, Responsabilité, — telles sont les deux idées mères de l'Ordre sexuel que nous souhaitons.

Nous ne nous étendons pas — l'objectif de ce simple travail étant déterminé et notre plan en ce moment n'étant pas une étude d'ensemble — sur les réformes connexes, notamment sur celles qui sont plus particulièrement protectrices de la femme : recherche de la paternité, indemnités ou réparations diverses en cas de séduction, protection économique sous ses formes variées; mais il est une réforme concernant particulièrement la jeunesse qui s'impose entre toutes. Nous voulons parler de la modification radicale des vues qui président présentement à l'éducation spéciale des jeunes gens.

Le problème de « l'éducation sexuelle des adolescents des deux sexes » doit être abordé de front par les familles et les éducateurs publics : c'est une question pédagogique dont la solution intelligente et morale — morale dans le sens élevé et scientifique du mot — s'impose.

Enfin l'organisation publique d'une médecine d'assistance vraiment humaine, vraiment médicale ne présente pas moins d'urgence : la réforme des hôpitaux à Paris comme en province, est intimement liée au succès des solutions légales et sociales nouvelles : les malades en question des deux sexes sans distinction ne doivent plus être parqués comme des parias ou des lépreux dans des « hôpitaux spéciaux » qui les mettent à l'index devant l'opinion, et les secours doivent être partout largement assurés aux personnes pauvres atteintes de ces affections.

Le délit pénal s'incorpore, pour nous, à un système qui met dans les mains des Pouvoirs publics une organisation très simple, très pratique, d'une action utile et réconfortante, dont les principaux statuts sont aptes à grouper autour de la *Fédération,* sans faire aucune brèche à ses principes, un grand nombre de ces excellents esprits qui, dans le monde scientifique, dans le monde judiciaire, dans le monde des Écoles enfin, ne répugnent pas à l'examen des questions nouvelles, mais les retiennent au contraire sans déplaisir intellectuel ni pusillanimité sociale, et savent étudier toute proposition d'amélioration publique autrement que pour en discuter la théorie, nous voulons dire avec l'intention scientifique d'en faire l'application.

Quant au monde politique français sous le régime républicain, il est tout naturellement disposé à faire accueil à des études de cette nature.

Toute association réformatrice — et la *Fédération pour l'abolition de la Police des mœurs* n'est-elle pas en Europe au premier rang de ces groupements de sociologie progressive? — ne doit-elle pas avoir pour objectif de conquérir avec l'adhésion parfois un peu platonique des penseurs et des jurisconsultes, l'adhésion effective des hommes publics et des gouvernements?

Nous avons en conséquence l'honneur de

soumettre à l'examen et à la discussion des membres de la *Fédération abolitioniste* réunis au Congrès de Lyon le projet de loi suivant :

## PROJET DE LOI
### tendant à réprimer le délit de contamination des mineurs des deux sexes.

---

### PREMIÈRE PARTIE

### Répression pénale.

#### ARTICLE PREMIER.

La transmission volontaire, consciente, de la maladie syphilitique à une personne de l'un ou de l'autre sexe âgée de moins de 21 ans (1) est un délit correctionnel puni des peines qui frappent les auteurs des coups, blessures et *maladies* volontairement occasionnées, peines énumérées à l'alinéa IV de l'article 317 du Code pénal.

---

(1) Nous arrêtons à 21 ans, âge de majorité civile en France, l'âge au-dessous duquel les contaminations d'ordre syphilitique tomberont sous le coup de la loi pénale.

Le législateur français a fait, en matière d'attentats aux mœurs, des distinctions nombreuses entre les âges que doivent avoir les mineurs des deux sexes pour que la répression soit plus ou moins énergique : nous ne le suivons pas sur ce terrain puisque, ainsi que nous l'avons dit dans le texte, nous rattachons la répression de la contamination syphilitique à la répression des coups, blessures, maladies. *(Note de 1901.)*

(Liv. III, t. II, chap. I<sup>er</sup>, sect. II, art. 317, § IV du Code pénal) :

« Celui qui aura occasionné à autrui une maladie ou une incapacité de travail personnel en lui administrant, de quelque manière que ce soit, des substances qui, sans être de nature à donner la mort, sont nuisibles à la santé, sera puni d'un emprisonnement d'un mois à cinq ans et d'une amende de 16 à 500 francs. »

ART. 2.

La transmission involontaire de la maladie syphilitique à une personne de l'un ou de l'autre sexe âgée de moins de 21 ans, est punie des peines énumérées à l'article 320 du Code pénal.

Liv. III, t. II, chap. I<sup>er</sup>, sect. III, § I<sup>er</sup> (Homicide, blessures et coups par imprudence, inattention, négligence), art. 320 du Code pénal :

« S'il n'est résulté du défaut de précaution que des blessures ou coups, le coupable sera puni de six jours à deux mois d'emprisonnement et d'une amende de 16 francs à 100 francs, ou de l'une de ces deux peines seulement. »

ART. 3.

Le dénonciateur calomnieux est passible des peines portées à l'article premier de la présente loi.

## ART. 4.

Le texte de la présente loi sera affiché, d'une manière permanente, à la porte de toutes les mairies, à la porte et à l'intérieur des hôpitaux spéciaux et généraux et dans la salle principale de tous les établissements présentement tolérés par les autorités municipales (1).

Toute personne qui aura détruit ou lacéré le texte affiché sera condamnée à une amende de 1 à 5 francs et aux frais du rétablissement de l'affiche.

(Cf. l'art. 12 de la loi du 23 janvier 1873 tendant à réprimer l'ivresse publique et à combattre les progrès de l'alcoolisme.)

## DEUXIÈME PARTIE

### Dommages-intérêts.

L'action civile en dommages-intérêts devant les tribunaux correctionnels est réglementée par les articles 1 à 3 du Code d'instruction criminelle.

---

(1) Il ne peut être ici question, même comme mesure transitoire, de faire figurer le texte de la loi *au verso de la carte* délivrée par la police des mœurs aux filles et femmes inscrites — puisque le fonctionnement de cette loi est basé sur l'abolition complète de cette même police des mœurs. Par établissements tolérés nous visons les brasseries suspectes, les bals-musettes et autres, les cafés-concerts plus ou moins bas ou luxueux, fréquentés par les femmes de vie libre et une foule d'hommes en quête. Quant aux *hôpitaux spéciaux*, s'ils sont maintenus dans les centres d'enseignement médical (comme quelques-uns l'ont demandé au Conseil municipal de Paris en 1883), ils doivent disparaître partout ailleurs. *Note de 1901.)*

### Article premier du C. instr. crim., *alin. 2.*

L'action en réparation du dommage causé par un crime, par un délit ou une contravention, peut être exercée par tous ceux qui ont souffert de ce dommage.

### Art. 2; *alin. 2.*

L'action civile pour la réparation du dommage peut être exercée contre le prévenu et contre ses représentants.

### Art. 3.

L'action civile peut être poursuivie en même temps et devant les mêmes juges que l'action publique. Elle peut aussi l'être séparément; dans ce cas l'exercice en est suspendu tant qu'il n'a pas été prononcé définitivement sur l'action publique intentée avant ou pendant la poursuite de l'action civile.

### Art. 4.

La renonciation à l'action civile ne peut arrêter et suspendre l'exercice de l'action publique.


Nota. — Ce projet de loi mettant en cause des mineurs non pas seulement victimes, mais coupables, nous rappelons maintenant que toute loi pénale peut être modérée dans son application par l'article 463 C. p. (circonstances atténuantes), par la loi du 26 mars 1891 (Loi Bérenger sur l'atténuation de la peine par le sursis à l'exécution (1).

Quant aux mineurs au-dessous de 16 ans, ceux qui n'ont pas encore atteint l'âge de la majorité pénale, âge auquel toute personne est présumée pleinement responsable devant la loi, nous rappelons que le juge se pose la question de savoir si le mineur a agi avec discernement; que, s'il condamne, il doit l'affirmer ; qu'ici se place, *en cas de non-discernement*, l'absolution du délinquant, sans préjudice des mesures à prendre quant à sa personne : qu'ici se place également le fonctionnement de la loi du 24 juillet 1889 sur les *enfants moralement abandonnés*. Si le mineur a agi *avec* discernement, il bénéficiera d'une *atténuation* de peine en vertu des *excuses atténuantes* inscrites dans la loi (V. art. 66-69 du C. p.) (2).

Nous rappelons en outre que si le délit est commis par une personne étrangère, le Procureur de la République peut provoquer, de la part du Ministre de l'Intérieur, un arrêté d'expulsion — après exécution de la peine.

(Paris, novembre 1900. — Janvier 1901.)

---

(1) Cette même loi du 26 mars 1891, dans sa deuxième partie, organise un système de répression en cas de *récidive* dans des délais déterminés, qui aggrave les pénalités même au correctionnel. (Liv. I⁰ʳ, chap. IV : Des peines de la récidive pour crimes et délits ; art. 57 et 58 C. p.) *(Note de 1901).*

(2) Le lecteur sait que depuis la loi du 14 avril 1906, l'âge de la majorité pénale est reporté à 18 ans.

8.

# TROISIÈME PARTIE

## I

## Éléments constitutifs
## du délit civil de contamination.

Espèces délictueuses. — Jurisprudence actuelle.
Protection des nourrices, épouses,
femmes non mariées, ouvriers contaminés.
Jugements divers.

## II

## Éléments constitutifs
## du délit pénal de contamination.
### Espéces délictueuses.

————

### SOMMAIRE

Coup d'œil sur l'histoire médicale de la syphilis, du xv⁰ au
XX⁰ siècle : Frascator, N. Massa, Paracelse, Brassavole,
Fallope, Fernel, Ambroise Paré, Boerhaave, Astruc,
Van Swieten. — J. Hunter; Philippe Ricord. — Bassereau, Diday, Rollet, Alfred Fournier. — Influence
fâcheuse des idées de Ricord jusqu'en 1860. — Évolution
clinique véritable de la syphilis ; contagiosité des accidents secondaires et contagiosité extra-sexuelle de la
maladie. — Rapports de la connaissance exacte de l'é-
volution de la syphilis avec la médecine légale. — Une
classification des contagions syphilitiques d'origine extra-
sexuelle.

## I

*Délit civil de contamination.*

I. — Jurisprudence française en matière de contamination des nourrices par les nourrissons confiés : 1° par l'Assistance publique; 2° par les parents. — Jugements.
Contamination des nourrissons par la nourrice.

II. — Protection de la femme dans le mariage et hors le mariage. — Jurisprudence en cours pendant le XIXᵉ siècle.
Jurisprudence actuelle :

1° Divorce et dommages-intérêts obtenus par l'épouse contaminée; jugement; la syphilis des femmes mariées (Alfred Fournier); une proposition de M. le conseiller municipal Fortin; une contre-proposition de M. Cruet, avocat, docteur en droit.

2° Dommages-intérêts obtenus par la femme contaminée hors mariage : jugement de M. le Président Ditte (29 janvier 1903).

III. — Protection des ouvriers dans le travail industriel; ouvriers verriers et autres. — Jugements antérieurs et postérieurs à la loi du 9 avril 1898.

## II

*Délit pénal de contamination.* — Espèces délictueuses :
1° Contamination volontaire ou intentionnelle; 2° contamination consciente ou volontairement imprudente; 3° Contamination par imprudence (ignorance).

— Délit de contamination intentionnelle : Opinion de M. André Bel, docteur en droit. — Espèces délictueuses : Une observation du Pʳ Fournier, un cas de contamination singulier par vengeance de femme; les contaminations par vengeance d'époux, d'amants et maîtresses délaissés; les contaminations d'époux infidèles et *sains*

par épouses infidèles *malades*, etc. — François I<sup>er</sup>,
M<sup>e</sup> Féron, avocat, et la belle Feronnière : l'historien
Mézeray et le critique Pierre Bayle. — Tallemant des
Réaux. — Mentalité de certaines filles publiques
malades : la pièce « *les Avariés* » de M. Brieux. — Le
délit de contamination volontairement commis pour se
guérir d'une maladie sexuelle ; pour infecter son adversaire « par morsure » dans une rixe. — Les inoculations médicales de syphilis à autrui dans un but d'expérimentation clinique : inoculation à un enfant ;
condamnation des médecins.

II. — Délit pénal de contamination consciente : Réponse
aux partisans de la liberté sexuelle absolue : exercice
d'un besoin naturel. — Le délit pénal dans la vie prostitutionnelle des villes ; rôle des proxénètes dans la
propagation des maladies intersexuelles. — Analyse de
la mentalité du contaminateur conscient ou volontairement imprudent, par le P<sup>r</sup> A. Le Poittevin.

III. — Délit pénal de contamination par imprudence
(ignorance et espèces diverses).

IV. — Annexe au délit pénal de contamination : une
espèce particulière. — Cas de contamination acceptée
par la victime : 1° dans les nourritures mercenaires ;
2° dans la prostitution, — moyennant meilleure rétri-
bution préalable.


Nous complétons notre volume en donnant quelques indications sur la jurisprudence actuelle en
matière de contamination syphilitique et en y ajoutant plusieurs espèces qui, pour être empruntées à la
littérature extra-médicale, c'est-à-dire à l'histoire
littéraire des mœurs, n'en ont pas moins leur intérêt :
ces espèces représentent les faits tels qu'ils se passent

ou peuvent se passer au cours usuel de la vie quotidienne (1).

Dès que la syphilis a été mieux connue ou moins soumise aux appréciations théoriques de médecins qui, pour avoir été célèbres et originaux dans leur temps, n'ont pas toujours été de géniaux ni même de très sagaces observateurs, il a été vite reconnu qu'elle se propageait par d'autres voies que la voie intersexuelle, et, dans ces conditions, il était difficile de stigmatiser les victimes de la contagion.

Dès le xvᵉ siècle et tout au cours des xviᵉ et xviiᵉ siècles, des médecins ou observateurs comme Frascator, Nicolas Massa, Paracelse, Brassavole, Fallope, Fernel, Ambroise Paré (2) admettaient ainsi que la syphilis se communiquait par l'allaitement.

La transmission de la syphilis de la nourrice au nourrisson fut également professée par trois grands médecins au cours du xviiiᵉ siècle, Boerhaave, Astruc et Van Swieten. Malheureusement le médecin anglais J. Hunter, d'ailleurs si digne d'admiration

---

(1) Cette troisième partie, faisant d'ailleurs suite aux deux précédentes et corps avec elles, a été écrite depuis 1901.

(2) Ce passage d'Ambroise Paré mérite d'être rappelé dans la matière qui nous occupe.

« Une honnête et riche femme pria son mari qu'il lui permît d'être nourrice d'un sien enfant; ce qu'il lui accorda *pourvu qu'elle prît une autre nourrice pour la soulager à nourrir son enfant.*

» *Cette nourrice avait la v......,* et la bailla à l'enfant, et l'enfant à la mère et la mère au mari et le mari à deux petits enfants qu'il faisait ordinairement boire et manger et souvent coucher avec lui.

» Or la mère, considérant que le petit enfant ne profitait

pour ses travaux anatomiques, négligeant ici les rigoureuses traditions d'observation suivies dans le passé, vint nier la possibilité de la transmission de la syphilis par ses accidents secondaires et, du même coup, la transmission de la maladie par l'allaitement. Cette théorie désastreuse, basée sur une observation anatomo-clinique restée superficielle, fut trop long-temps adoptée par Ricord, et toute la science syphi-igraphique s'en trouva dévoyée pendant les deux premiers tiers du xixᵉ siècle, malgré les contradic-tions rationnelles de Rosen, Doublet, Swiedaur, Bertin, Lagneau, Petit-Radel, Lugol, etc. (1). La

---

aucunement et qu'il était en cris perpétuels, m'envoya quérir pour connaître sa maladie, qui ne fut pas difficile à juger, d'autant qu'il était tout couvert de boutons ou pustules, et que les tétins de la nourrice étaient tout ulcérés ; pareillement ceux de la mère, ayant sur son corps plusieurs boutons ; sem-blablement le père et les deux petits enfants dont l'un était âgé de trois et l'autre de quatre ans. *Lors déclarai au père et à la mère qu'ils étaient tous entachés de la v......, ce qui était provenu par la nourrice*, lesquels j'ai traités et furent tous guéris. Reste le petit enfant qui mourut... » (Ambroise Paré, Œuv. compl., 11ᵉ édit. Lyon, 1652, p. 444.)

(1) Les expériences de Ricord étaient doubles et dissem-blables « à son insu » et la conclusion unique et identique qu'il en tirait était de part et d'autre erronée.

Tantôt, il inoculait *sur le même malade* le virus de l'ulcère SIMPLE dont celui-ci était porteur, et il obtenait naturellement un nouvel ulcère : il en déduisait que *l'accident primitif* de la SYPHILIS était contagieux. Tantôt il inoculait, *toujours sur le même malade*, c'est-à-dire sur celui qui fournissait le virus destiné à l'inoculation (mais cette fois sur le même malade *syphilitique*), le virus emprunté aux accidents secondaires (papules) ; cette seconde inoculation donnant toujours des résultats négatifs, le chirurgien du MIDI, plus homme d'esprit qu'homme de science, en concluait que l'accident primitif *seul* était générateur de syphilis. La confusion de l'ulcère simple,

méconnaissance de la contagion des accidents secondaires eût dû être dénoncée par les médecins de
Saint-Lazare et du dispensaire de la Préfecture de
police qui voyaient défiler devant eux *toujours les
mêmes malades* et pouvaient, par les contaminations
masculines observées parallèlement dans les hôpitaux,
trancher le débat : mais cette intervention scientifique
eût mis bas les doctrines officielles et l'institution
régnante de la Police des mœurs; chacun se tut. Il
faut arriver à 1854, 1857 et 1860 pour que toute une
génération de jeunes médecins, tant à Paris qu'à
Lyon, les Bassereau, les Alfred Fournier, les Diday,
les Rollet, réagît contre l'hérésie académique et posât
enfin d'un trait définitif les lois authentiques de la
propagation de la syphilis. L'histoire clinique de la
maladie allait désormais être écrite et sa thérapeu-
tique abordée conformément aux lois de son évolu-
ion véritable.

Une des premières conséquences fut la réadmis-
sion, désormais incontestée, de la propagation de la
maladie par toutes les voies, allaitement, contacts
honnêtes, baisers familiaux, usage des mêmes linges
ou des mêmes ustensiles de table, de musique, de

---

simple accident local, avec l'ulcère induré, accident déjà dia-
thésique, en d'autres termes la méconnaissance du dualisme
ulcéreux et par conséquent de l'évolution réelle de la syphilis
engendrait ce véritable *quiproquo* scientifique dont les conséquences ont eu de longues années un retentissement déplorable dans les affaires de médecine légale et notamment dans
le procès des nourrices, qui, contaminées par des enfants
hérédo-syphilitiques, étaient représentées, *dans les certificats
de Ricord en justice,* comme ayant pris la syphilis non de leur
nourrisson mais d'une autre origine — intersexuelle naturellement.

travail. On tenait ainsi l'explication rationnelle de ces endémo-épidémies qui désolaient des villages, des camps militaires et se renouvellent encore parfois aujourd'hui sous nos yeux, dans les populations rurales des Balkans, de l'Asie mineure, ambulantes de l'Algérie, etc.

Dans les foyers de civilisation intelligente, chez les nations cultivées, il était impossible que les législations n'intervinssent pas pour protéger soit les familles contre l'introduction d'une nourrice malsaine, soit les nourrices elles-mêmes contre la remise d'un nourrisson en pleine contagion; les conséquences sociales du mal menaçaient trop gravement et la victime et son entourage familial propre, pour que la loi, suggérée par une science plus prévoyante en raison de son expérience même, fermât les yeux et n'arrêtât point un système de protection.

Ce système de protection fut et est resté jusqu'ici á peu près d'ordre exclusivement civil.

La communication de la syphilis par allaitement entraîne couramment l'attribution de dommages-intérêts en vertu de l'article 1382. Les circonstances dans lesquelles la contamination se produit expliquent très bien qu'il en soit ainsi.

C'est donc par la plainte des femmes mercenaires s'employant à l'allaitement des enfants de familles aisées ou fortunées que l'histoire juridique de la syphilis a commencé à se créer.

# I

## Éléments constitutifs
## du délit civil de contamination.

### Espèces délictueuses.

Le premier chapitre, celui qui a été le plus complètement et le plus rapidement rempli par les tribunaux, est celui de la syphilis d'origine extra-vénérienne, de source accidentelle, de la syphilis encore appelée *syphilis des innocents*. L'origine est bien, si l'on veut, toujours primitivement sexuelle, mais par rapport à la victime et souvent au contaminateur, elle n'est pas immédiate, elle est *médiate*, c'est-à-dire qu'il existe, entre la victime et le générateur désigné comme initial, un ou plusieurs intermédiaires importateurs contaminés eux-mêmes par voie non sexuelle.

Dans tous ces cas, la loi civile intervient aujourd'hui, et avec une force croissante, pour dédommager les victimes.

On a proposé beaucoup de classifications pour cette syphilis d'origine extra-sexuelle; nous en proposerons une à notre tour, reposant sur la distinction bien simple des *choses* et des *personnes*.

1° La syphilis extra-vénérienne vient *directement* des *personnes*, de leur contact : de nourrices (et porteuses ou gardiennes) à enfants et inversement de nourrissons à nourrices; c'est le cas assez fréquent. Elle vient de médecins ou sages femmes à malades, accouchées, opérées; c'est le cas rarissime (1); la réalité courante, dans cette seconde espèce, est la contamination du médecin ou de la sage-femme par la malade.

Cette première classe de contaminations syphilitiques, accidentelles et causées par les personnes, est encore appelée *professionnelle* : victimes et contaminateurs sont ici réunis en effet pour la pratique d'une profession exercée avec plus ou moins de prudence par l'une des parties.

2° La syphilis extra-vénérienne vient *des choses*. Les objets les plus variés peuvent servir d'agents matériels à la transmission des virus. Il est bon d'énumérer ces objets pour indiquer au lecteur de culture sinon comment il se gardera lui-même, du moins comment il conseillera aux autres, à de moins expérimentés, à des jeunes femmes, à des adolescents, de préserver les enfants et de se préserver eux-mêmes. Il ne s'agit

---

(1) Il faut faire figurer dans cette énumération de contaminations accidentelles par les *personnes*, celles qui sont issues d'intempestives interventions pseudo-médicales : succion d'une plaie faite par verre brisé ; succion des bouts de seins peu saillants de la nouvelle accouchée ; extirpation des corps étrangers de l'œil par introduction de la pointe de la langue entre l'œil et la face interne des paupières ; hémostase spéciale par la bouche de l'opérateur dans la circoncision hébraïque.

La syphilis honnête provenant des personnes, a aussi pour étiologie la coutume familiale ou amicale ou même simplement hospitalière du baiser sur la bouche, usitée dans certains pays de l'Europe orientale.

Contrairement à cette dernière espèce, la syphilis honnête peut avoir pour origine une *morsure* dans une rixe ; le cas a été relevé à plusieurs reprises.

pas d'hypothèses et de jeux d'imagination; chacun de ces objets figure dans des observations, authentiques malheureusement, recueillies chaque année par les médecins et plus particulièrement ceux qui s'occupent exclusivement de syphiligraphie; ce sont : les cuillers, fourchettes, couteaux, verres, tasses, gobelets ou goulots de bouteilles; pipes, porte-cigares et cigarettes, embouts d'instruments de musique à vent; binocles, lunettes, lorgnettes; plumes, porte-plume, crayons, coupe-papier; éponges, brosses à dents, cure-oreilles, serviettes de toilette, rasoir du barbier public, draps, taies d'oreiller; vêtements, chaussettes, caleçons, pantalons (souillures interdigitales, inguinales et périnéennes); fruits ou gâteaux mordus, à moitié mangés et passés à la victime éventuelle; monnaies introduites dans la bouche (coutume des petits marchands ambulants et des conducteurs d'omnibus); enfin sièges de water-closets publics étroitement ronds au lieu d'être convenablement ovalaires, etc. (1).

Tous ces cas sont, sans exception, accidentels.

Dans le groupe des syphilis professionnelles, où la maladie est transmise *par l'objet*, citons celles qui sont véhiculées par les instruments que manie le médecin : lancettes dans la vaccination, pinces ou autres dans l'extraction et l'obturation des dents, le pansement des gencives; le cathéter (sondage de la trompe d'Eustache ou des conduits lacrymaux dans

---

(1) Pour être complet, ajoutons le baisement catholique de la croix et de la patène; la communauté du calice dans la communion protestante.

les maladies de l'oreille moyenne et des culs-de-sacs lacrymaux); le scarificateur pour ventouses et surtout le spéculum. Citons aussi la petite opération du percement du lobule des oreilles pour y placer des pendants, des boucles, faite par le bijoutier qui, pour faciliter dans les tissus l'introduction soit de l'épingle destinée à faire le canal, soit du bijou lui-même, les enduit d'une salive virulente.

Terminons l'énumération des syphilis transmises par l'objet en donnant la place importante qu'elle mérite à la syphilis des métallurgistes et des verriers qui font usage du même chalumeau (1). Cette syphilis qui rentre dans la catégorie des syphilis professionnelles, est plus particulièrement dite *industrielle*. On conçoit d'ailleurs, d'une manière générale, la nécessité urgente de protéger les travailleurs qui, groupés ensemble et réunis en d'incessants contacts, sont susceptibles, par la promiscuité laborieuse ou la com-

---

(1) En juin 1902, le Professeur Gailleton (de Lyon) recevait dans son service clinique *quatre* ouvriers verriers, tous quatre atteints de chancre syphilitique en cours d'évolution à la lèvre : la maladie avait paru chez eux à quelques jours d'intervalle et il n'y avait pas quinze jours de distance entre la première et la dernière contamination.

Le foyer syphilitique serait encore assez vivace dans de trop nombreuses usines verrières. (*La syphilis des verriers*, au point de vue de la prophylaxie et de la responsabilité légale. *Annales d'hygiène publique et de médecine légale*, numéro de janvier 1903, et broch. Lyon, Association typographique, 1902.) M. le Professeur Landouzy, à la Seconde Conférence internationale de Bruxelles, en 1902, a, comme le chef de la délégation française, M. Gailleton, insisté sur la protection due dans les ateliers, aux ouvriers manuels, contre la syphilis industrielle.

munauté usagère des outils, de se communiquer la maladie. Le lecteur verra plus loin que cette protection devait prendre une force nouvelle dans la loi du 9 avril 1898 sur les accidents du travail.

Il ressort des faits mêmes que la preuve de la contamination de la syphilis provenant des personnes est moins difficile à établir que celle provenant des choses ; la filiation étant plus facile à saisir entraine de suite, chez la victime, la pensée d'actionner le contaminateur ; c'est par là que la jurisprudence, nous le répétons, a commencé à se former.

Les nourrices ont été les premiers plaignants ou demandeurs devant les tribunaux : c'est elles qui, les premières, ont très légitimement obtenu justice.

La jurisprudence a consacré cette responsabilité des parents — une variété de responsabilité patronale si l'on veut aussi — qui n'est pas moins évidente que celle de la nourrice qui accepte ou recherche, étant elle-même syphilitique, un nourrisson sain.

Les jugements suivants répondent à quelques espèces de cette catégorie qui peuvent se présenter et se présentent, en effet, d'une manière relativement fréquente.

Voyons d'abord la communication de la syphilis par allaitement.

Quand la preuve est faite par les experts commis, les dommages-intérêts sont assurés *aujourd'hui* par le tribunal aux nourrices plaignantes : peu importe que l'enfant malade leur ait été confié par les parents ou *l'Administration de l'Assistance publique*.

Il n'en a pas été toujours ainsi. Assez récemment encore, comme l'atteste le premier jugement ci-après, M⁰ Allou plaidait cette thèse que le tribunal de la Seine faisait sienne : à savoir que l'Assistance publique, ignorant la provenance des enfants qu'elle recueille et qu'elle confie, ne pouvait être assimilée, quant à la responsabilité, aux parents mêmes (1).

---

(1) Un arrêt de la Cour de Bordeaux en date du 31 juillet 1878 porte que l'Administration de l'Assistance publique n'est pas responsable, quand elle a fait visiter l'enfant par un médecin qui a, au préalable, trouvé ce nourrisson en bon état de santé apparente.

Inversement, un arrêt de la Cour de Lyon, du 14 janvier 1853, consacre le principe de l'action en responsabilité de la nourrice, à qui l'enfant confié a communiqué la syphilis, *contre le directeur du Bureau de placement.*

# I

## PROTECTION DES NOURRICES
## ET DES NOURRISSONS

### 1° Protection des nourrices

**Contamination de la nourrice par le nourrisson**
*(confié par l'Administration de l'Assistance publique)*

JUGEMENT DU TRIBUNAL CIVIL DE LA SEINE
Première chambre, présidée par M. AUBÉPIN, 8 avril 1874.

*Échec de la demanderesse.*

Un enfant abandonné, le petit X..., est en 1864 confié par l'Administration des Enfants assistés aux soins d'une nourrice, la dame Z... Au bout de cinq jours d'allaitement, tous les accidents de la syphilis héréditaire se déclarent chez l'enfant et la dame Z... s'en étant aussitôt aperçu cesse l'allaitement. Malheureusement l'inoculation contagieuse s'était produite et une syphilis grave évoluait chez la dame Z... Dès la fin de l'année 1864 l'Administration de l'Assistance publique indemnisait spontanément la victime, assez malade pour être admise et conservée deux ans, pendant les années 1866 et 1867, à l'hospice d'Autun. Cette petite pension remise à la nourrice syphilisée était de 45 francs par mois; en 1869 elle était réduite à 40 francs; enfin elle était supprimée en juillet 1871.

C'est alors que la dame Z... saisit le tribunal civil de la Seine d'une demande en paiement de la somme de 10.000 francs, à titre de dommages et intérêts. Son avocat, Me Duverdy, soutint, non sans raison, que le paiement par l'Administration de l'Assistance publique pendant sept ans, d'une rente mensuelle, était la preuve la plus certaine qu'elle ne déniait pas sa responsabilité, preuve que la dame Z... ne pouvait plus faire actuellement, les documents qui l'attestaient ayant été brûlés lors de l'incendie du second siège de Paris en 1871 ; d'ailleurs une transaction lui avait été proposée en 1870, constatant l'offre d'une somme de trois mille francs, une fois payée, et cette proposition avait été refusée.

Me Allou répondit au nom de l'Assistance publique que l'Administration ne pouvait être assimilée aux parents, qu'elle ne connaissait pas l'origine des enfants abandonnés qu'elle confiait et qu'elle ne pouvait être rendue responsable qu'en invoquant des faits de négligence — qui, dans l'espèce, ne se rencontraient pas.

Le tribunal fit sienne l'argumentation de l'Assistance publique et rendit le jugement suivant :

Le Tribunal,

Attendu que le fait qui sert de base à la demande des époux Z... ne pourrait engager la responsabilité de l'Administration de l'Assistance publique, qu'autant qu'il serait établi qu'au moment où la femme Z... a reçu l'enfant nouveau-né du nom de X..., cet enfant était atteint du mal syphilitique, et que le mal, s'étant déjà révélé, aurait échappé aux investigations incomplètes des médecins commis par l'Administration ;

Que cette preuve incombe aux demandeurs et qu'elle n'est pas rapportée ;

Attendu que les époux Z... ne sauraient se prévaloir de ce que, pendant un temps prolongé, l'Administration

de l'Assistance publique leur aurait fourni des secours,
et de ce qu'elle aurait même consenti à leur assurer un
capital à titre de réparation;

Que les secours ainsi formés l'ont été d'une manière
toute bénévole;

Qu'ils n'impliquent aucunement, non plus que la
promesse d'un capital dans les circonstances particulières
où cette promesse est momentanément intervenue, la
reconnaissance par l'Administration d'une obligation
légale dont l'exécution pourrait être réclamée en justice;

Par ces motifs,

Déclare les époux Z... mal fondés dans leurs demandes,
les en déboute et les condamne aux dépens (1).

Au contraire l'arrêt et le jugement ci-après rendus
par une Cour et un tribunal de province contre les
Administrations de l'Assistance publique du Cher et
de la Charente-Inférieure qui avaient confié à une
femme saine un nourrisson atteint de syphilis héréditaire, admettent la demande de la nourrice contaminée.

La première de ces décisions de justice, l'arrêt de
la Cour, est intéressante en ce qu'elle montre la précaution qui incombe particulièrement à l'Assistance
publique dans le cas où elle confie *l'enfant né d'une
femme avérément prostituée*. L'arrêt est confirmatif
d'un jugement de première instance qui avait déjà
condamné l'Administration :

---

(1) *Gazette des Tribunaux*, 16 avril 1874.

**Contamination de la nourrice par le nourrisson**
*(confié par l'Administration de l'Assistance publique)*

*(Art. 1382-1384).*

Cour de Bourges.
Audience du 14 avril 1902.

*Faute de l'Administration, succès de la demanderesse.*

La Cour,

Considérant que l'enfant de *la fille* X... a été recueilli à l'hospice de Bourges le 22 avril 1899 par le service des Enfants assistés et qu'il a été remis le 24 avril, c'est-à-dire le surlendemain, à la femme Z.... pour être, par elle, élevé au sein;

Considérant que le trop court délai pendant lequel cet enfant est resté à l'hospice n'a point permis de le soumettre à un examen attentif et sérieux; que cet examen s'imposait *d'autant plus que cet enfant était d'une origine particulièrement suspecte* qui nécessitait une surveillance spéciale;

Considérant que l'Administration de l'A. P. n'avait d'autres garanties de sécurité que le certificat obligatoire du Dʳ Y...; qu'elles étaient insuffisantes, ce praticien ne faisant pas connaître qu'il ait donné, à la mère ou à l'enfant, des soins pendant un temps plus ou moins prolongé, et constatant seulement un état qui pouvait n'être qu'apparent et superficiel, et qui ne pouvait être sûrement diagnostiqué en une visite plus ou moins sommaire; qu'il ne suffisait pas que l'enfant n'ait pas présenté de signes extérieurs de maladie pendant les quarante-huit heures qu'il a passées à l'hospice, pour qu'il pût être considéré comme indemne d'une *affection congénitale qui était manifestement à redouter dans les conditions où il était né;*

Considérant qu'il résulte bien des renseignements de police que, pendant la période qui a précédé son accouchement, *la fille inscrite* X... n'a pas été reconnue atteinte d'affection vénérienne *lors des visites sanitaires qu'elle a subies,* mais que cette constatation établit uniquement qu'à cette époque elle était affranchie d'accidents externes susceptibles de la rendre d'un contact dangereux; *que l'examen local et spécial auquel elle était soumise administrativement, ne permettait pas de se prononcer sur l'état réel et constitutionnel de sa santé* (1);

Considérant que l'Administration a commis une faute engendrant sa responsabilité dans le fait d'avoir livré à la femme Z...., pour être élevé au sein, un enfant qu'elle n'a pas tenu en observation pendant un délai suffisant pour être rassurée sur son état;

Considérant qu'on ne saurait prétendre que cette mise en observation pouvait être indéfinie sans éclairer les médecins de l'hospice, et sans exonérer l'Administration de responsabilité;

Considérant qu'en effet, dans l'espèce, les tares congénitales de l'enfant se sont manifestées au bout de quelque temps seulement et que le médecin de l'Assistance a constaté, dès ses premières visites, des symptômes tels que le coryza spécial et l'érythème, qui, en admettant qu'ils ne soient pas encore caractéristiques de la syphilis, auraient incontestablement éveillé l'attention du personnel de l'hospice, si l'enfant y avait encore séjourné, et qui auraient certainement sinon empêché du moins retardé la remise à une nourrice, et tout au moins suspendu l'allaitement au sein.

Par ces motifs,

Confirme...., etc.

La seconde décision, le jugement du tribunal de La Rochelle, n'est pas moins intéressante que la première : l'enfant contaminateur était né à l'hospice de la ville, et la maternité ici n'était pas quasi-fatalement entachée de souillure :

---

(1) Retenons, en passant, ce jugement porté par la Cour sur la valeur clinique réelle de l'examen médical spécial de la Police des mœurs.

## Contamination de la nourrice par le nourrisson

*(confié par l'Administration de l'Assistance publique)*

### TRIBUNAL CIVIL DE LA ROCHELLE.

Audience du 9 janvier 1906.

*Succès de la demanderesse.*

Attendu que, le 13 septembre 1904, la dame Z... reçu
de l'Assistance publique une enfant, des prénoms Y...,
pour être nourrie au sein; qu'au bout de quelques jours,
elle fut atteinte de syphilis et qu'aujourd'hui, prétendant
que la maladie lui a été communiquée par le nourrisson,
elle et son mari entendent faire peser sur l'Administration la responsabilité du dommage qu'ils éprouvent,
et qu'ils l'ont assignée en la personne du préfet de la
Charente-Inférieure, en paiement de 20.000 francs à titre
de dommages-intérêts;

Attendu qu'il a été procédé à une expertise et qu'il
résulte du rapport du docteur-médecin commis que,
sans qu'il puisse y avoir à ce sujet le moindre doute, la
contamination de la nourrice provient du nourrisson;
que le fait n'est d'ailleurs pas contesté, et que, dans ces
conditions, le tribunal n'a plus qu'à rechercher si l'Assistance publique a commis une faute;

Attendu que la défenderesse répond qu'il résulte d'un
certificat du médecin par lequel elle a fait examiner
l'enfant le 9 septembre, qu'au moment de la mise en
nourrice elle ne présentait pas de symptômes pouvant
faire supposer qu'elle était contaminée; que, dans le cas
de syphilis héréditaire, les symptômes révélateurs, bien
que d'ordinaire ils se produisent peu de jours après la
naissance, ne se manifestent parfois qu'après un délai,
considéré comme maximum, de quatre mois; qu'il faudrait donc, pour éviter tout danger, suspendre pendant
quatre mois l'allaitement au sein pour des enfants
presque toujours peu vigoureux, et que ce serait aug-

menter beaucoup leurs chances de mortalité; qu'ainsi, des motifs d'humanité lui imposent en général et lui ont imposé, dans le cas particulier qui nous occupe, l'obligation d'agir comme elle l'a fait;

Attendu que, si des mesures efficaces de prudence avaient ce résultat inévitable d'augmenter la mortalité chez les enfants de l'Assistance publique, cette conséquence, si fâcheuse qu'elle fût, ne présenterait pas, au yeux du tribunal, un caractère d'étrangeté suffisant pour faire repousser son principe;

Que le tribunal n'hésiterait pas à admettre que, s'il n'y avait d'autre moyen de diminuer la mortalité des nourrissons que de sacrifier la vie de personnes qui ne la leur doivent pas, ou même d'exposer ces personnes ainsi que les membres de leur famille, et sans leur assentiment, à un mal redoutable, il faudrait se résigner à laisser la mortalité sévir chez les nourrissons;

Mais que cette conséquence ne paraît pas nécessaire et qu'il semble possible de remplir des devoirs d'humanité envers les enfants sans sacrifier à la syphilis un tribut de jeunes femmes, elles aussi dignes d'intérêt;

Qu'en effet, avec les procédés dont dispose la science aujourd'hui, l'allaitement au biberon, surtout dans un hospice, où il peut-être constamment surveillé, ne présente pas pour les enfants les dangers qu'il présentait autrefois; bien dirigé, il réussit presque toujours. On pourrait donc garder les enfants dans les hospices, où ils seraient mis en surveillance et allaités artificiellement pendant deux ou trois mois, jusqu'au moment où il deviendrait certain qu'ils sont indemnes de toute infection;

Qu'on pourrait ainsi les confier immédiatement à des nourrices, mais en prévenant celles-ci que, l'origine de ces enfants étant inconnue, il est, d'après les statistiques, peut-être peu probable qu'ils soient infectés d'une maladie contagieuse, mais que, cependant, la chose est possible;

On leur indiquerait les signes, assez faciles à reconnaître en général, qui trahissent l'infection lorsqu'elle prend une forme communicable, et on les préviendrait qu'à la moindre apparition de ces signes suspects elles devraient suspendre l'allaitement au sein et appeler un médecin ;

On leur demanderait si, dans ces conditions peu dangereuses, avec de l'attention de leur part, elles consentiraient à prendre l'enfant : telle est, semble-t-il, la seule façon prudente et vraiment honnête de procéder ;

Attendu que, dans le cas actuel, par un oubli qui engage sa responsabilité, l'Assistance publique a négligé de le faire ; que ces précautions et ces avertissements s'imposaient d'autant plus que, si l'Assistance publique, qui est dirigée par des médecins, ne peut ignorer le danger, les nourrices, qui sont prises dans la classe la plus pauvre, n'en ont aucune idée !

Mais que l'Assistance publique a plus directement encore engagé sa responsabilité ; qu'elle s'abrite derrière le certificat du docteur X¹..., déclarant, à la date du 9 septembre, que l'enfant ne présentait pas de symptômes de maladies contagieuses actuellement ;

Mais, attendu que la remise de l'enfant a été faite, non pas le 9, mais le 13, que le temps écoulé entre l'examen et la remise n'a pas été long, mais que cependant quatre jours sont un intervalle appréciable si on se place au point de vue d'une maladie comme la syphilis infantile, qui évolue d'ordinaire rapidement ; que cet intervalle a été, dans tous les cas, suffisant pour que des symptômes qui n'apparaissaient pas le 9, fussent visibles le 13. Dès lors qu'un certificat ne peut se prononcer que sur la situation actuelle, il est évident qu'un examen anticipé sans nécessité diminue les garanties déjà faibles qu'il procure ;

Attendu, en effet, qu'il résulte du rapport de l'expert et de celui du Dr X¹... qu'au moment de la remise, l'enfant avait l'aspect chétif et débile, le coryza, l'impossibilité de pleurer, et qu'il poussait seulement de petits cris ;

Attendu que si on se reporte à un ouvrage classique que l'Assistance elle-même a communiqué au Tribunal :

*Les Maladies de l'Enfance*, du Dr Grancher, de l'Académie de médecine, on lit au tome Ier, page 724 : « Si à ces signes (l'aspect chétif et vieillot), on joint le coryza, les fissures labiales, la diarrhée et la faiblesse du cri, on a le type de la syphilis héréditaire, précoce, maligne » ;

Qu'il est donc prouvé qu'au moment de la remise de l'enfant à la nourrice, sur cinq des signes qui, d'après le Dr Grancher, constituent le type de la syphilis infantile, trois existaient déjà ;

Attendu, il est vrai, que, lors de la première visite du 10 octobre, l'inspecteur des enfants, le D[r] X²..., n'a pas diagnostiqué ni même soupçonné la syphilis chez l'enfant, mais qu'il paraît inexcusable de n'avoir pas été plus clairvoyant, puisque, à ce moment, l'enfant, sauf que la diarrhée n'est pas signalée, présentait le type même, dans son intégrité, de la syphilis héréditaire ;

Qu'il n'a d'ailleurs pas soupçonné davantage la syphilis acquise chez la nourrice, bien que, d'après l'expert, elle portât alors au sein l'ulcération chancreuse avec ganglions à l'aisselle, accidents primaires qui sont la manifestation habituelle de la syphilis ; qu'on ne peut attribuer ce manque de perspicacité à un défaut de science chez le D[r] X²... et qu'il ne peut l'être qu'au peu de soin avec lequel il a procédé à l'examen ;

Qu'à ce moment où la maladie s'épanouissait, il n'a pas même ordonné la cessation de l'allaitement au sein, et s'est contenté de l'autoriser à la demande de la nourrice, à cause des souffrances qu'elle éprouvait ;

Attendu que l'expert, sous une forme enveloppée de réserve, estime, dans son rapport, que toutes les précautions à prendre semblent l'avoir été, mais que cette appréciation bienveillante est due évidemment à ce que, au moment de la première visite, l'inoculation étant un fait accompli, toutes les précautions étaient inutiles ;

Mais, attendu que cette visite était tardive ; que dès le 20 septembre, le D[r] X¹... était averti, par le maire, de la remise de l'enfant, que si l'expert estime que l'inoculation s'est faite du 15 au 20, il ne calcule que d'après la durée habituelle de l'incubation qui peut varier de quelques jours; qu'il n'est donc pas certain que la nourrice fût contaminée au moment où commençait, pour le D$^r$ X$^2$... le devoir de visiter le nourrisson; que son retard constitue une négligence nouvelle;

Attendu que le Tribunal reconnaît, en ce qui concerne ce dernier point, qu'il se montre exigeant envers l'inspecteur en lui demandant une visite immédiate, mais que la faute, pour être légère, n'en existe pas moins; que le décret du 27 février 1877 lui faisait un devoir formel de ne pas différer plus tard que la huitaine et que, dans une matière où les conséquences d'une négligence peuvent être terribles, ce n'est pas se montrer trop rigoureux;

Attendu, dès lors, que la faute de la défenderesse résulte :

1° De ce qu'elle n'a pas pris les précautions ou donné les avertissements qui doivent être de règle lorsque l'origine de l'enfant est inconnue;

2° De ce qu'au moment même où il a été remis à la nourrice, l'enfant présentait des signes qui permettaient, sinon de diagnostiquer, du moins de soupçonner la syphilis;

3° De ce que si l'inspecteur D$^r$ X$^2$... n'avait pas fait une visite tardive et s'il l'avait faite avec le soin voulu, la contamination aurait pu, peut-être encore, être évitée;

En ce qui concerne la fixation de l'indemnité :

Attendu qu'il résulte du rapport de l'expert que la dame Z... sera obligée, pour se guérir de la maladie qui lui a été communiquée, de suivre un traitement énergique pendant quatre ans environ; que malgré ce traitement, il pourra toujours survenir des accidents tertiaires et des affections graves considérées comme incurables;

Que, pendant deux ou trois ans, elle sera exposée à communiquer l'infection aux membres de sa famille et plus facilement encore à son mari, avec cette conséquence que si une grossesse survenait avant trois ou quatre ans, l'enfant qui naîtrait serait, selon toute probabilité, hérédo-syphilitique;

Qu'une somme de 12.000 francs ne paraît pas supérieure au préjudice occasionné;

Par ces motifs :

Condamne l'Assistance publique à payer aux époux Z... la somme de 12.000 francs à titre de dommages-intérêts et aux dépens (1).

---

(1) Les *Rapports d'inspection* sur le *Service des enfants assistés de la Seine*, portent pour chaque exercice au « *Recrutement nourricier* » une rubrique « *Contaminations* » qui indique la permanence et la fréquence relative des cas de contagion syphilitique par des nourissons confiés à des nourrices.

Nous relevons ici le détail de l'exercice 1890 et les chiffres globaux de 1891 à 1900.

» *Contamination.* — Le nombre des nourrices contaminées, en 1890, s'élève à 12; il avait été de 19 en 1889, d'où, en 1890, une diminution de sept contaminations. Ce très satisfaisant résultat est dû, en grande partie, il n'en faut pas douter, à l'effet salutaire des visites hebdomadaires dont sont l'objet les enfants de un jour à deux mois, depuis le 1er avril 1890. Il faut espérer qu'il ne fera que s'accentuer par la suite, surtout si les ressources budgétaires permettent, comme il en est question, d'étendre cette mesure jusqu'au quatrième mois de l'enfant.

» Les 12 nourrices contaminées appartiennent aux agences suivantes : Béthune 1, Chevagne 1, Cosne 1, Moulins 1, Moulins-Engilbert 3, Ouanne 1, Rennes 2, Saint-Calais 1, Saint-Saulge 1 ; au total 12.

» Le total des indemnités allouées, par voie de conséquence, en 1890, s'est élevé à 5.650 francs, dont 4.500 à des nourrices malades avant cette époque.

» 7 des enfants syphilitiques sont décédés; un huitième se trouvait dans un état très grave au moment de l'inspection.

» La contamination relevée dans une des agences précitées est due à la négligence du médecin. La nourrice et l'un de ses propres enfants ont été contaminés par un élève qui lui avait été confié sevré après déplacement. Le médecin, n'ayant pas visité cet élève chez sa première nourrice, n'avait pu constater les symptômes prémonitoires et, par suite, mettre la deuxième en garde contre les dangers de contamination.

» Dans l'agence d'Ouanne, indépendamment du cas de contamination signalé, il s'est produit, en 1890, deux cas de syphi-

L'arrêt suivant de la Cour de Lyon met en cause non plus une administration collective, mais les parents coupables par imprudence ou par calcul, en tout cas plus ou moins conscients d'avoir confié leur enfant hérédo-syphilitique à une nourrice saine (1). Le cas est intéressant en ce que l'arrêt est *infirmatif* d'un jugement antérieur rendu par le tribunal de Saint-Étienne, jugeant sur une expertise médico-légale (au moins superficielle) qui n'avait pas mis les premiers médecins en posture de dépister la maladie :

## Contamination de la nourrice par le nourrisson

*(confié par les mariés X...)*

COUR DE LYON.

Audience du 15 juin 1901.

### *Succès du mari demandeur.*

La Cour,

Attendu qu'il résulte du rapport des experts commis par le tribunal de Saint-Étienne et des documents de la

---

lis non suivis de contamination de la nourrice. Déjà, en 1889, l'inspection avait relevé, dans cette même agence, cinq cas de syphilis ayant occasionné trois contaminations. Les accidents de ce genre sont profondément regrettables à tous les points de vue; à s'en tenir au point de vue administratif, le seul auquel je me place, conclut le rapporteur, ils sont de nature à jeter le discrédit sur le service départemental et à contrarier le recrutement nourricier *(a).* »

De 1891 à 1900, il a été constaté que 499 enfants confiés étaient malades (suspects à des degrés plus ou moins graves) et que 68 nourrices avaient été contaminées de syphilis.

(1) C'est le cas évoqué par M. Brieux dans sa belle et instructive pièce *les Avariés* (acte II, scènes v et viii). C'est également la situation à laquelle il est fait allusion dans l'autre pièce, *les Remplaçantes,* du même auteur dramatique.

*(a) Bulletin municipal de Paris*, 6 mai 1892.

cause, que, lorsque la femme Z... a reçu des mariés X..., en qualité de nourrice, leur enfant nouveau-né, elle était saine de corps et n'avait aucune maladie ni vice constitutionnel, et que, dès le début de l'alimentation, l'enfant a été reconnu atteint de la syphilis;

Attendu qu'aux termes mêmes du rapport, il est un fait absolument certain, c'est que l'enfant X... ne peut avoir été contaminé par sa nourrice, la femme Z...

Attendu que la femme Z... a été à son tour, peu de de temps après, reconnue atteinte du même mal, et qu'il est pleinement établi qu'elle l'a tenu de ce nourrisson;

Attendu que la syphilis dont celui-ci était atteint s'est révélée par les accidents généraux qui n'ont laissé aucun doute sur son caractère héréditaire et congénital; qu'il est d'ailleurs de principe, en médecine, que toute syphilis qui, au cours des deux premiers mois de la vie, se révèle par des accidents de cette nature, provient d'hérédité;

Attendu que dans ces conditions d'origine présumée connue au moins d'un des deux époux, l'état physique de l'enfant X... présentait le cas le plus digne de solliciter et d'éveiller l'attention de ses parents, encore que le nouveau-né, d'après les experts qui n'ont pas vu le sujet, parût bien portant et pesât son poids normal;

Attendu que l'enfant était à peine sorti de la maison paternelle, le 21 mars 1897, que sa santé donnait aussitôt des inquiétudes à la femme Z... et que dans un laps de temps très restreint et très rapproché de la mise en nourrice trois médecins constataient successivement sur son corps les phénomènes caractéristiques de la syphilis, maladie dont il est mort âgé d'un mois environ;

Attendu qu'il est inadmissible en l'espèce que les époux X... ne se soient pas aperçus au moment où ils l'éloignaient de leur maison d'un trouble quelconque dans la santé ou la constitution de leur enfant et qu'ils ne se soient pas préoccupés des éventualités à craindre;

Attendu que cette préoccupation était d'autant plus naturelle que les experts ont constaté sur la dame X... des marques d'adénopathie cervicale et inguinale, affection des glandes d'origine suspecte, qui ne pouvait être ignorée du mari, et que cette particularité était de nature à mettre les mariés X... en garde, au sujet de leur enfant ;

Attendu qu'il était de leur devoir et qu'il leur était facile, dans leur situation de fortune, de se rendre compte, dès les premiers jours, de la santé de cet enfant placé à Saint-Étienne, et qu'instruits promptement des graves symptômes qui s'étaient si rapidement révélés, ils auraient pu le reprendre avant qu'il eût contaminé sa nourrice ;

Attendu qu'à raison de ces diverses circonstances il leur incombait de garder l'enfant ou, tout au moins, de l'observer sans relâche et de le retirer à temps, et qu'ils ne sauraient exciper d'un cas fortuit ou de force majeure échappant à leur prévoyance ;

Attendu que l'esprit de la loi et la nature même des choses attachent à cette prévoyance des parents un sens étroit et rigoureux qui permet au juge de leur imputer à faute le moindre défaut de prudence ou de vigilance ;

Attendu, en conséquence, que les époux X... ont été justement appelés à répondre de la contamination reçue de l'enfant X... par la femme Z... ;

Attendu que la Cour a les éléments nécessaires pour apprécier le montant du préjudice qui en est résulté ;

Par ces motifs,

Dit mal jugé et bien avec grief appelé, met à néant le jugement rendu par le tribunal de Saint-Étienne le 18 juillet 1899.

Condamne les époux X... CONJOINTEMENT et SOLIDAIRE-MENT (1) à payer à Z... 2.000 francs et *aux enfants ayants*

---

(1) Nous ne voulons point nous étendre indéfiniment sur les espèces au sujet de la responsabilité des parents ; ajoutons cependant à propos de la *solidarité* établie entre les époux pour le paiement des dommages-intérêts à la nourrice, qu'il est des jugements et arrêts qui ne prononcent point cette *solidarité conjugale* quand il résulte de l'enquête que l'épouse mère d'un enfant hérédo-syphilitique, contaminée elle-même, a été tenue par le mari dans l'ignorance absolue de la maladie dont elle était atteinte, et ne pouvait par conséquent se rendre compte de la viciosité du nourrisson confié à la mercenaire : le mari *seul* dès lors est frappé par la peine finan-

*droit de sa femme décédée* durant l'instance, 3.000 francs à titre de dommages-intérêts, avec les intérêts de droit, les condamne en outre en tous les dépens de première instance et d'appel, ordonne la restitution de l'amende (1).

## 2° Protection des nourrissons.

Le cas des nourrices syphilitiques *contaminant le nourrisson* à elles *confié par des parents sains* se rencontre également, mais beaucoup plus rarement; la rareté du cas est même extrême si l'on en juge par les recueils judiciaires, et elle s'explique par l'examen

---

cière. On sait qu'il est des maris syphilitiques qui soutiennent leur conduite délictueuse jusqu'à s'abstenir non seulement d'éclairer leur femme sur la nature des accidents qu'ils lui ont communiqués, mais encore jusqu'à négliger de lui faire suivre un traitement (même démarqué) de crainte d'éveiller ses soupçons.

Pour le *quantum* de l'indemnité versée, le juge paraît se baser sur la gravité des accidents apparents et actuels qu'offre la nourrice. Le plus souvent les dommages-intérêts sont de 3.000 francs, parfois 6.000; nous les voyons cependant descendre à 2.000 francs dans un jugement de la 9ᵉ chambre correctionnelle de Paris (octobre 1888) : l'amende qui frappe dans ce procès *chacun* des parents (outre l'indemnité payée solidairement) est de 100 francs.

Dans un autre jugement de la 3ᵉ chambre (décembre 1903; Président, M. Lefebvre-Devaux) les dommages-intérêts alloués à la nourrice montent à la somme de 10.000 francs.

Concluons que la physionomie actuelle des accidents offerts par la nourrice et d'ailleurs par toute personne récemment contaminée, ne préjuge ni la gravité ni la bénignité de la maladie et ne devrait pas servir de critérium pourles variations de l'indemnité.

(1) Mentionnons ici qu'un arrêt de la Cour de Dijon du 14 mai 1868 consacre le principe de l'action en responsabilité de la nourrice *contre le médecin* qui, appelé à visiter un enfant syphilitique, laisse sciemment ignorer à cette nourrice que le nourrisson est atteint du virus contagieux.

corporel préalable que les familles et leur médecin exigent des nourrices avant leur entrée en fonction, tandis que les nourrices ne seraient guère admises à demander, par réciprocité, sur la personne des parents, l'inspection médicale pratiquée d'office sur elles.

Le cas que nous empruntons à la clinique du P\u1d63 A. Fournier est des plus instructifs tant par les conséquences tristement multipliées de la contagion répandue par l'enfant autour de lui dans un milieu sain et *remontant*, comme on va le voir, à ses parents et même à ses grands-parents, que par la hâte de la nourrice à disparaître, la catastrophe devenue patente.

On conçoit que la nourrice n'attende généralement ici ni la scène des reproches, ni la peine du procès : elle s'enfuit, elle s'évade, sans même réclamer ses gages; elle comprend quelle faute, quel crime elle a commis, en osant accepter un nourrisson alors que prévenue par des accidents personnels et souvent par la mort de son propre enfant, elle savait pertinemment à quels dangers mortels elle exposait le pauvre petit étranger qu'elle mettait à son sein.

Nous ne distinguons pas d'ailleurs entre la culpabilité de la nourrice et celle des parents également contagieux. L'individu quel qu'il soit, qui infecte son semblable dans de telles conditions, est très gravement répréhensible. La culture supérieure des parents d'une part, la certitude de ne pouvoir offrir aucune réparation pécuniaire de l'autre, créent à nos yeux des deux côtés une culpabilité identique et font même surgir l'idée de l'opportunité de la répression pénale.

En ce qui concerne la nourrice coupable de cette contamination, on juge de suite en effet que le procès en condamnation pécuniaire ne présente aucune portée pratique et pour cause : là où il n'y a rien, le plaignant qui mérite le plus de triompher, perd ses droits aussi complètement que s'il n'en avait pas.

Revenons à l'observation de M. Fournier.

En mars 1872 naît à Paris un bel enfant de deux parents jeunes et *sains*; une nourrice est choisie; c'est une belle fille, jeune, ayant beaucoup de lait, bien portante d'aspect. A la fin d'avril cette nourrice présente aux mamelons des plaies érosives que la famille considère d'abord comme de vulgaires crevasses; presqu'en même temps l'enfant maigrit, se couvre d'érosions et d'ulcérations. On mande un médecin qui diagnostique la syphilis chez le nourrisson et la nourrice. Le même jour, la nourrice *s'enfuit...*; elle ne réclame ni comptes, ni gages. Ce qu'elle devient on l'ignore. On parvient seulement à apprendre dans son pays qu'elle a eu la syphilis avant d'entrer en place et que son enfant est mort, assure-t-on encore, en très bas âge, de syphilis.

Bien et spécifiquement soigné, l'enfant contaminé présentait encore des syphilides en 1874.

M. Fournier est mandé en janvier.

Or, à cette date, voici en quel état de contagion la syphilis avait mis cette famille :

1° La mère avait eu, dès novembre 1872, un chancre à la lèvre inférieure (avec forte adénopathie sousmaxillaire) gagné en embrassant son enfant; en janvier 1874 elle avait des syphilides des narines, de la langue et des parties sexuelles; devenue grosse vers la fin de 1874, elle avortait à cinq mois et demi.

2° La grand'mère maternelle, sexagénaire qui habitait avec ses enfants, atteinte également de syphilis buccale en novembre 1872, présentait en 1874 une alopécie totale, des syphilides confluentes buccales, des psoriasis palmaires, des douleurs ostéocopes tibiales très accentuées;

3° Deux jeunes bonnes, sœurs, âgées l'une de 15, l'autre de 16 ans, qui donnaient aussi leurs soins à l'enfant, étaient également atteintes de syphilides cutanées et de syphilides muqueuses buccales, amygdaliennes et sexuelles; leur conduite était d'ailleurs irréprochable, elles ne sortaient jamais seules et couchaient dans l'appartement. M. Fournier constata leur *virginité*.

4° Enfin restait le mari; il n'échappa point à la contagion. Bien que prévenu par son médecin du danger de toutes relations conjugales, il était atteint en octobre 1873 de l'accident spécifique initial au lieu d'élection, et attestait à M. Fournier qui le traitait en janvier 1874 et en mai 1875 pour des syphilides érythématheuses et des accidents pharyngiens, qu'il n'avait pas eu de relations avec d'autres femmes que la sienne, — rompant trop tôt une abstention malheureusement non suffisamment prolongée.

En résumé, six syphilis et la mort d'un enfant dans le sein de la mère, tel était le bilan de la contagion importée, dans cette famille, par une nourrice (1).

---

(1) Op. cit., p. 146-150.

## II

# PROTECTION DE LA FEMME DANS LE MARIAGE
# ET HORS LE MARIAGE

La jurisprudence protectrice de la santé privée et par voie de conséquence de la santé publique, contre la syphilis issue maintenant des relations intersexuelles devait naturellement protéger la femme, la femme mariée d'abord, presque toujours victime de l'époux déjà contaminé avant le mariage ou se faisant contaminer au cours du mariage soit dans une infidélité malheureuse, soit au cours d'une débauche systématique et devenant ainsi à son tour contaminateur de son propre foyer.

Cette jurisprudence toutefois ne s'est pas imposée d'emblée : il y a eu avant d'arriver à l'excellente jurisprudence actuelle, bien des étapes timides et des réserves parfois rationnellement incompréhensibles. C'est ainsi qu'au début du xixᵉ siècle les Tribunaux et Cours, pour accorder à l'épouse contaminée le divorce ou la séparation de corps, exigeaient en l'espèce des *circonstances aggravantes*! (1)

Qu'était-ce que les circonstances aggravantes d'une syphilis conjugale?

La Cour de Rennes (14 juillet 1866) appelait cir-

---

(1) Arrêt de la Cour de cassation du 16 février 1808; des Cours d'appel de Besançon, 1ᵉʳ février 1806; de Pau, 4 février 1806; de Lyon, 4 avril 1818; de Rennes, 19 mars 1817; de Lyon, 4 avril 1818; de Rennes, 4 mars 1820.

constance aggravante le fait de la *violence sexuelle* exercée par le mari malade sur l'épouse dont le refus, la résistance intime au conjoint sont fondés en ce cas. La même Cour voyait une circonstance aggravante dans le fait que l'enfant issu de telles relations aura été lui-même atteint de la même maladie.

La Cour de Bordeaux (17 février 1857) n'admettait la syphilis comme cause de séparation de corps que *si le mari avait négligé de faire soigner sa femme de la maladie qu'il lui avait communiquée!*

La Cour de Rouen (30 décembre 1840), *que si la maladie de l'épouse s'ébruitait au dehors* et devenait de notoriété publique *par le fait* ou l'imprudence *du mari* contaminateur.

La Cour de Nîmes (14 mars 1842) jugeait même que le fait par l'un des époux d'avoir été avant ou après le mariage atteint — même à plusieurs reprises *(sic)* — d'affections vénériennes, ne constituait pas une injure grave susceptible d'entrainer la rupture de l'union conjugale.

## 1° Protection de la femme dans le mariage.

La jurisprudence actuelle a relégué dans le domaine de l'histoire cette interprétation équivoque et étroite du droit civil du mariage. Le législateur du 27 juillet 1884 a imprimé aux rapports de l'homme et de la femme dans l'union légale une heureuse et équitable évolution en assimilant, en matière de divorce, l'adultère du mari à celui de sa femme : l'acte par lequel le mari importe dans son propre foyer la syphilis, implique l'adultère — sauf naturellement le cas de la syphilis *accidentelle* dont il aurait été victime, — et de ce chef d'adultère le divorce sera prononcé contre lui. La syphilis deviendra même ici en elle-même une circonstance aggravante qui contribuera à rendre plus fâcheuse la situation du mari.

La jurisprudence en est même arrivée à considérer que l'action en divorce de l'épouse contaminée se trouve suffisamment justifiée *par le fait de la contamination en soi.*

Le jugement suivant peut être considéré comme typique :

### Délit civil de contamination intersexuelle dans le mariage.

*Divorce. — Dommages-intérêts.*
*Rente viagère à l'épouse contaminée.*

JUGEMENT DU TRIBUNAL CIVIL DE COMPIÈGNE.
Présidence de M. Alexandre SOREL, 25 janvier 1894.

*Succès de l'épouse demanderesse.*

Le Tribunal,

Attendu que les époux X... ont contracté mariage devant l'officier d'état civil de .... le 16 septembre 1893 ;

Attendu que, dès le milieu du mois d'octobre, la femme X... est tombée malade et que les constatations médicales ont établi, d'une façon certaine, qu'elle était atteinte d'une maladie syphilitique des plus graves que lui avait communiquée son mari au début même du mariage ;

Attendu que dans cette situation ladite femme a intenté une action en divorce contre ce dernier ;

Attendu que X... soutient que lorsqu'il a consommé avec celle-ci l'union sexuelle, il ne se savait pas atteint de la syphilis et qu'en définitive il était de bonne foi ;

Attendu qu'il est admis en principe par la jurisprudence que la communication du mal vénérien par un mari à sa femme peut être réputée constituer une injure ou un sévice vis-à-vis de celle-ci, lorsqu'il est démontré qu'avant tout rapprochement le mari avait conscience de son état pathologique et de ses conséquences;

Attendu qu'il s'agit pour le tribunal de rechercher si ce principe, invoqué par la demanderesse, peut et doit recevoir son application dans la cause;

Attendu qu'à cet égard X... prétend qu'il incombe à sa femme de faire la preuve de ce fait qu'il aurait eu, dès avant son mariage, pleine connaissance de son état de maladie;

Attendu que tout démontre dans la cause que X... se savait atteint de la syphilis lorsqu'il a contracté mariage et que dès lors, en exposant sa femme à être contaminée, comme elle l'a été en effet, il s'est rendu coupable à son égard d'une injure grave;

Attendu qu'il serait contraire à la morale comme aux sentiments les plus élémentaires de dignité conjugale de contraindre une jeune femme à reprendre la vie commune avec celui pour lequel elle ne peut avoir désormais qu'un sentiment trop justifié de répugnance et de profond mépris;

Attendu que l'action en divorce de la femme X... se trouve suffisamment justifiée et qu'il y a lieu de l'admettre;

En ce qui touche ses conclusions à fin de condamnation de X... en 200.000 francs de dommages-intérêts;

Attendu que, par suite de contamination, la femme X... voit sa santé jusque-là florissante compromise pour toujours d'une façon des plus graves; que, de ce chef, elle a droit à une légitime réparation;

Attendu qu'encore bien que son contrat de mariage contienne à son profit certaines dispositions pécuniaires...

Qu'il y a lieu en conséquence d'indemniser quant à présent ladite dame X..., dans une mesure équitable, du préjudice qu'elle éprouve par la faute de son mari, eu égard à la position de ce dernier...

Par ces motifs,

Prononce le divorce d'entre les époux, à la requête et au profit de la dame X...

Condamne X..., à titre de dommages-intérêts, à payer à sa femme, à partir au jour de la demande, une pension annuelle de 4.000 francs;

Dit que le service de cette rente sera fait au moyen de l'achat que fera X... d'un titre de rente 3 0/0 français, etc;

Et condamne X... en tous dépens.

La nécessité de protéger la femme mariée contre la contamination conjugale dans le mariage ressort de cette attestation à la fois sociologique et clinique donnée par un médecin dont la longue expérience fournit un répertoire opulent de faits utiles à évoquer.

Nous emprunterons sur cette matière, à deux intéressants mémoires de M. le P$^r$ A. Fournier à l'Académie de médecine, les statistiques suivantes qui montrent dans quelle proportion numérique élevée les femmes mariées peuvent être contaminées de syphilis par des maris dont l'honorabilité conjugale doit être, ce nous semble, dans la majorité des cas, gravement qualifiée — à défaut de leur intelligence sexuelle (1).

M. Fournier a pu 586 fois « catégoriser » dans sa consultation privée l'état civil des femmes malades qui venaient le consulter; il les répartit en deux

---

(1) *Document statistique sur les sources de la syphilis chez la femme* (*Bulletin de l'Académie*, 25 octobre 1887, p. 538-549).

*La syphilis des honnêtes femmes* (*Bulletin de l'Académie*, 2 et 9 octobre 1906), avec statistiques comme dans le mémoire précédent. V. p. 190-206 et 232-246 du *Bulletin*. (V. aussi Appendice du présent livre, p. 243).

groupes ainsi dénommés : 1° les femmes du monde galant; 2° les femmes mariées. Il poursuit :

« Sur ces 586 femmes syphilitiques, 366 appartenaient au monde galant, soit d'une façon notoire, de par un certain habitus extérieur qui ne trompe pas un œil un peu exercé, soit de leur propre aveu.

» C'était toutes des femmes de vie irrégulière, depuis la fille entretenue du grand monde, la courtisane de haute marque jusqu'à la basse prostituée de brasserie ou d'arrière-boutique.

» Les détails de répartition de ce groupe ultra-complexe n'intéresseraient qu'accessoirement pour la question actuelle : je les passerai sous silence, exception faite toutefois pour un seul point, à savoir la haute moyenne pour laquelle figure dans cette statistique *le monde féminin des théâtres*.

» Soixante-cinq des femmes de ce groupe étaient des *filles de théâtres, c'est-à-dire faisant partie de cette tourbe interlope qui ne prend place dans le public artistique que pour le salir*, et qui compose ce qu'on pourrait plus justement appeler la *Prostitution sur les planches*.

» J'arrive au point le plus curieux de cette statistique, à celui que je me suis proposé de mettre en relief, vu les résultats inattendus, surprenants même, dirai-je, qu'il va nous révéler.

» Je veux parler de la moyenne relative pour laquelle prennent place parmi les femmes affectées de syphilis qu'on observe dans un certain milieu (à savoir le milieu de la clientèle de ville) les femmes honnêtes, *les femmes mariées*.

» Eh bien, voici cette moyenne, telle qu'elle résulte de mes notes.

» Sur les 586 malades dont je suis parvenu à connaître la condition sociale, *220 étaient mariées ou se disaient mariées*.

» Quelle proportion tout d'abord !

» Mais hâtons-nous d'apporter à ce chiffre quelques défalcations nécessaires, de façon à le ramener à son taux véritable.

» Retranchons-en d'abord — ce n'est que trop juste — 10 cas relatifs à des femmes qui, mariées, tenaient la syphilis non pas de leur mari, mais d'un amant; de même 10 autres cas dans lesquels les maris, examinés par moi, furent trouvés sains ; de même encore deux cas où la syphilis fut constatée sur les deux conjoints, mais avec impossibilité médicale d'établir lequel l'avait transmise à l'autre.

» Défalquons même dudit chiffre, pour nous tenir à l'abri de toute erreur, 34 cas dans lesquels je n'ai pas vu les maris, tous concernant bien des femmes mariées ou se disant telles, qui prétendaient tenir la contagion de leurs maris. Mais n'ayant pas eu, je le répète, l'occasion de visiter ou d'interroger ces 34 maris, je sacrifie ces 34 cas ; je n'en veux pas tenir compte, et cela en vue de ne pas entacher de la moindre suspicion le chiffre définitif qu'il me reste maintenant à produire.

» Or, *tous ces décomptes faits,* toutes ces éliminations accomplies, *il ne me reste pas moins un total de 164 femmes mariées ayant reçu la syphilis de leurs maris.* Pour celles-ci, pas de doute, pas de discussion possible. Elles tenaient bel et bien, toutes, la syphilis de leurs maris. Car *j'ai vu, de mes yeux, lesdits maris; je les ai examinés et les ai trouvés syphilitiques, syphilitiques de par une infection antérieure à celle de leurs femmes;* je les ai interrogés et j'ai reçu d'eux leurs aveux, leur confession, leurs regrets, leurs lamentations. Les uns (au nombre de 82), syphilitiques *ante nuptias*, s'étaient mariés prématurément, avec une syphilis non guérie, qu'ils avaient transmise à leur femme soit directement, soit par l'intermédiaire d'une conception. Les autres, au nombre de 39, avaient contracté l'infection *post nuptias*, dans une escapade amoureuse, puis contagionné leurs femmes soit par le chancre initial, soit plus souvent par des accidents secondaires, soit encore par une contamination fœtale.

» Voilà donc — et ceci en toute assurance, je le répète — un total de *cent soixante-quatre* femmes qui ont été honnêtement et conjugalement infectées de syphilis. Et notez bien (j'ai besoin encore d'insister sur ce point) notez que ce chiffre est certainement un *minimum*, un minimum très sûrement inférieur à la réalité des choses, puisque à dessein j'ai éliminé de ma statistique un certain nombre de cas *douteux*, dont quelques-uns à coup sûr auraient pu justement renforcer le chiffre en question.

» Eh bien! ce minimum admis comme base de discussion, abaissons-le encore, si vous le voulez, en assimilant au public des femmes galantes toute la catégorie des malades (au nombre de 256) dont la condition sociale est restée inconnue de moi, et voyons quelle moyenne relative il représente.

» Calcul fait, cette moyenne relative oscille entre 19 et 20 0/0. Mettons 19.

» C'est-à-dire que *sur cent femmes affectées de syphilis, on en trouve quatre-vingt-une appartenant à la catégorie des irrégulières de tout ordre, et dix-neuf appartenant à celle des femmes mariées.*

» Quoi! Dix-neuf femmes mariées sur cent femmes syphilitiques! Quoi! Une femme mariée sur cinq femmes syphilitiques! N'est-ce pas là une proportion énorme, extraordinaire? Qui de nous se fût attendu à une pareille révélation de la statistique?

» J'avoue que, moi-même, je suis resté stupéfait devant ce résultat et qu'il y a trois mois, avant d'avoir commencé le dépouillement de mes dossiers, j'eusse taxé d'exagération le chiffre auquel j'ai été *contraint* d'aboutir. Et ce chiffre cependant, je l'ai abaissé par toute une série de défalcations et de concessions que je viens de dire, si bien qu'il ne peut être, je le répète, qu'inférieur dans une certaine proportion à la réalité des choses. Et ce chiffre, je n'ai pas moi-même la liberté de le révoquer en doute; car, d'une part, j'ai conscience d'avoir procédé au dépouillement en question avec une parfaite indépendance d'esprit et une rigueur scrupuleuse; et, d'autre part, reposant sur les observations d'une pratique de vingt-sept ans, mon enquête exclut la cause d'erreur qui fausse tant de statistiques et qu'on appelle en langage technique le « hasard des séries ».

» Donc, voilà le fait dans sa brutalité expressive : *sur cent cas de syphilis féminines, dix-neuf à vingt incombent à des femmes honnêtes et mariées.* Cette proportion si extraordinaire et si lamentable qu'elle soit, force est de l'accepter. En l'espèce, quelle réponse à l'adresse deceux qui veulent faire de la syphilis le monopole du monde galant ! (1) »

Il restait à la jurisprudence à faire un dernier pas au civil : elle l'a franchi et le jugement rendu, le 29 janvier 1903, à Paris par M. Ditte, le Président même du tribunal civil, restera comme un document historique dans l'histoire sociale de la syphilis :

(1) Au sujet de la protection de la femme mariée, M. le conseiller municipal Fortin a déposé à l'Hôtel de ville, le 18 mars 1904, un projet de vœu ayant pour objet d'assurer la protection sanitaire du mariage *(avant l'union)* et d'éviter la transmission *héréditaire* des maladies contagieuses.

Cette question avait été soulevée à la *Société française de prophylaxie* que préside le Pr A. Fournier, et discutée dans les mois de juin, juillet, octobre, novembre et décembre 1903 ; elle a abouti : 1° à la rédaction d'une notice (due au Dr Jean Darier, médecin des hôpitaux), susceptible d'être distribuée aux jeunes fiancés ; 2° au vote d'un vœu déliant le médecin vis-à-vis la famille de la jeune fille des obligations consignées dans l'art. 378 C. p. (secret professionnel) mais *sur l'autorisation seule de la personne elle-même intéressée*. (V. *Bulletin de la Société*, aux dates indiquées. Paris, Delagrave, édit.)

Nous rattacherons également à ces observations de M. Fournier, la discussion curieuse soulevée cette année même à la *Société de prophylaxie* par l'un de ses jeunes et distingués membres, mais dans un sens tout à fait contraire à l'esprit des doctrines de M. Fournier et de M. Fortin.

M. Jean Cruet, docteur en droit, licencié ès lettres, voudrait que la syphilisation de l'épouse par le mari (c'est le cas ordinaire) ne pût jamais être invoquée par la femme comme cause de divorce et *rendît le mariage indissoluble*. Le motif de cette solution juridique en contradiction avec tout le mouvement contemporain du droit sur la question, est d'ordre purement social : c'est que les deux époux syphilitiques *libérés* auraient désormais toute facilité pour répandre la contagion en dehors de leur foyer.

L'auteur ne paraît pas s'être fait un seul instant à lui-même

## 2° Protection de la femme hors le mariage.

### Délit civil de contamination intersexuelle hors le mariage.

*Dommages-intérêts.*

JUGEMENT DU TRIBUNAL DE LA SEINE, 1<sup>re</sup> CHAMBRE.
Présidence de M. DITTE, 29 janvier 1903.

*Succès de la demanderesse.*

Le Tribunal,

Attendu qu'il est établi par la correspondance versée aux débats et notamment par une lettre qui sera enregistrée avec le présent jugement, ladite lettre écrite par X... à la mineure Z... le 21 juillet 1901, et qu'il résulte, d'autre part, d'un ensemble de présomptions graves, précises et concordantes : 1° que dans les premiers mois de

---

les objections qui ont aussitôt surgi : il suppose que l'épouse offensée et gravement lésée continuera, à côté du mari contaminateur, d'accepter les réalités de la vie commune ; que cette vie commune forcée ne provoquera pas bientôt une suite de graves troubles intérieurs, incompatibles avec l'état de mariage ; que cette épouse syphilisée ne cherchera pas peut-être elle-même une distraction dans son malheur ; enfin il suppose que l'époux syphilisateur restera désormais fidèle à sa femme... parce qu'il l'a rendue contagieuse ! Comment l'auteur n'a-t-il pas pensé précisément au point de vue social (nous négligeons le point de vue particulier, capital, des intérêts de la victime) que sa solution présentait les plus larges lacunes ?

Mais il faut voir, dans ce débat, plutôt qu'une étude de portée pratique, la discussion d'une de ces thèses volontairement paradoxales qu'aiment souvent à faire porter à l'ordre du jour des conférences, les jeunes jurisconsultes désireux de divertissement littéraire ou de gymnastique professionnelle. (V. *Bulletin cité*, 20 fév., 10 mars, 6 avril, 10 mai 1906 et suivants. V. la note de la p. 184 sur le même sujet.)

l'année 1901, X... était atteint de syphilis ; 2° qu'il a eu, à cette même époque, du mois de février au mois de juillet 1901, des relations sexuelles avec la mineure Z... ; 3° que celle-ci a été, à son tour, atteinte de la même maladie au mois de juin 1901 ;

Attendu qu'il est de même parfaitement établi qu'à la révélation de la maladie contagieuse qui vênait d'atteindre sa maîtresse, X... n'a manifesté ni surprise, ni indignation ; qu'il a continué avec elle ses relations sexuelles et qu'il a même alors, du mois de juillet 1901 au mois de décembre suivant, vécu maritalement avec la mineure Z... ;

Attendu qu'il n'a cessé la vie commune et n'a rompu ses relations avec elle qu'au mois de décembre 1901, plus de 6 mois après l'apparition des premiers symptômes de la maladie et alors que la mineure Z... s'est trouvée en état de grossesse et qu'il a été question pour le défendeur d'un projet de mariage avec une autre personne ;

Attendu que, dans ces circonstances, il est suffisamment établi que X... a communiqué à la mineure Z... la maladie contagieuse dont il était atteint lorsqu'il a fait sa connaissance, d'où il suit qu'il n'y a lieu d'ordonner l'enquête sollicitée par X..., les faits articulés par lui n'étant pas pertinents et admissibles ou étant d'ores et déjà démentis par les documents versés aux débats et par les présomptions visées plus haut ;

Attendu que pour se soustraire à la réparation du préjudice qu'il a ainsi causé à la mineure Z..., X... allègue vainement dans ses conclusions du 24 octobre 1902 que : « la démonstration fût-elle faite que la demoiselle Z... aurait contracté la syphilis dans ses relations avec X... il n'en résulterait pas pour elle un droit à des dommages intérêts ; que la communication d'une maladie quelconque, vénérienne ou autre, ne pouvait constituer une faute que si elle était « intentionnelle » ;

Attendu que ces conclusions de X... ne sont aucunement fondées, la communication d'une maladie contagieuse constituant une faute, alors même qu'elle n'a pas eu lieu intentionnellement et qu'elle résulte d'une imprudence ou d'une négligence de celui qui en est atteint ;

Attendu qu'il résulte suffisamment des circonstances graves, précises et concordantes, plus haut analysées, que X... se savait atteint de la syphilis au mois de février 1901, lorsqu'il a eu ses premières relations avec la mineure Z... ; qu'il n'ignorait pas le caractère éminemment contagieux de cette dangereuse maladie et qu'il l'a, par sa faute, communiquée à la mineure Z... ;

Attendu que X... n'est plus fondé à soutenir que l'action en dommages-intérêts de la mineure Z... ne serait pas recevable comme ayant pour cause un acte immoral de ladite mineure ;

Attendu, en effet, que la demande de Z..., ès-noms, n'a pas pour base, et pour cause, l'acte immoral accompli par la mineure Z..., lorsqu'elle s'est donnée à X..., mais la faute odieuse commise par le défendeur qui n'a pas craint de communiquer la terrible maladie dont il était atteint à une enfant de 16 ans, dont il paraît avoir été le premier amant, la demoiselle Z... établissant, par un certificat médical, qu'elle était encore vierge à la fin de l'année 1900 ;

Attendu qu'il résulte de ce qui précède, que la demande de Z... ès-noms, est recevable et que X... doit à la mineure Z... réparation du préjudice qu'il lui a causé, par sa faute, dans des circonstances où sa conduite doit être sévèrement qualifiée ;

Attendu que le Tribunal a les éléments nécessaires pour apprécier l'étendue du préjudice éprouvé par la mineure Z... et pour fixer le chiffre des dommages-intérêts qui lui sont dus par le défendeur :

Par ces motifs,

Déclare X... mal fondé dans toutes ses exceptions, fins et conclusions, et pour réparation du préjudice qu'il a, par sa faute, causé à la mineure Z..., condamne X... à payer à Z.., ès-noms et qualités, la somme de 12.000 francs à titre de dommages-intérêts.

Dit que ladite somme de 12.000 francs sera employée

immédiatement à l'achat d'une rente de 3 0/0 sur l'État français qui sera immatriculée au nom de la mineure Z...., etc.

Condamne X... en tous les dépens (1).

Le lecteur voit que la jurisprudence est loin aujourd'hui des timidités qui ont si longtemps découragé les actions en la matière, loin aussi des prédictions faites encore il y a cinq ans par tels jurisconsultes non des moins autorisés, à savoir que *la prétention d'une demanderesse, contaminée hors mariage serait sûrement repoussée* devant le tribunal par la fin de non-recevoir, qu'on appelle en style régulier l'exception *ob turpem causam*.

Nombre de jurisconsultes avec lesquels nous nous sommes entretenu du jugement de M. Ditte nous

---

(1) On rapprochera de ce jugement désormais célèbre un arrêt de la Cour de Paris en date du 12 janvier 1874 qui déjà dispose :

« La communication d'une maladie contagieuse par une personne à une autre constitue une faute de nature à engager la responsabilité de celui qui a communiqué la maladie, *alors même que la communication n'a pas été intentionnelle*, et qu'elle est due simplement à une imprudence ou à une négligence de celui qui est atteint de cette maladie.

» Spécialement, doit être condamné à des dommages-intérêts l'individu qui a communiqué à une jeune fille une maladie syphilitique dont il se savait atteint et dont il n'ignorait pas le caractère contagieux au moment où il a eu ses premières relations avec cette jeune fille.

» VAINEMENT LE DÉFENDEUR OPPOSERAIT A LA DEMANDE UNE FIN DE NON-RECEVOIR TIRÉE DE CE QUE CETTE DEMANDE AURAIT POUR CAUSE L'ACTE IMMORAL QU'AURAIT COMMIS LA JEUNE FILLE EN SE LIVRANT A LUI : LA CAUSE DE LA DEMANDE RÉSIDE, en effet, non dans les relations immorales ayant existé entre les parties, mais DANS LA FAUTE COMMISE PAR LE DÉFENDEUR EN COMMUNIQUANT A LA JEUNE FILLE LA MALADIE DONT IL ÉTAIT ATTEINT. »

observent qu'il fait corps avec les doctrines juridiques nouvelles professées présentement par la majorité du corps judiciaire dans notre pays. Les jugements de nos tribunaux et les arrêts confirmatifs de nos Cours ne sont pas rares en effet qui attribuent aujourd'hui des dommages-intérêts aux jeunes filles et aux femmes abandonnées *hors l'état de mariage*, sans même avoir été rendues mères par leur amant. L'existence de l'enfant assure presque inévitablement à une fille-mère honnête une indemnité personnelle et le versement d'une contribution d'entretien continuée jusqu'à la majorité de cet enfant (1).

-----

(1) Au moment même du tirage de cette feuille (chapitre relatif à la protection des femmes), nous sommes informé d'un vœu intéressant émis par le *Conseil international des femmes* : le *Conseil* demande l'admission *de plano* du divorce en cas de contamination spéciale de l'épouse par le mari. M^me Avril de Sainte-Croix a communiqué ce vœu, au nom du *Conseil* à la *Commission extra-parlementaire du Régime des mœurs* (33^e séance), le jour du vote sur le délit pénal de contamination.

M. Jean Cruet dont nous avons relevé ci-devant (note, p. 179-180) une thèse à nos yeux plus paradoxale que pratique, conviendra qu'en la matière, l'opinion des femmes a droit d'être prise en principale considération.

## III

## PROTECTION DES OUVRIERS CONTAMINÉS
## DANS LEUR TRAVAIL D'ATELIER

### La syphilis industrielle; la loi du 9 avril 1898

Il nous reste à parler, en matière de délit civil de contamination, de la contagion communiquée dans les ateliers industriels entre ouvriers : ce mode de contagion était à une époque encore récente assez fréquent. Les progrès de l'hygiène générale, la connaissance plus répandue des notions relatives à la maladie même, le retentissement des procès intentés contre des chefs d'industrie négligents, indifférents ou ignorants, dont l'imprudence était l'origine de la contagion, tendent à provoquer des précautions qui commencent à raréfier ce genre d'accidents.

Les jugements suivants montrent :

1° Que la syphilis dont un ouvrier est atteint par suite de son travail est considérée aujourd'hui comme une des maladies professionnelles admises au bénéfice de la loi du 9 avril 1898 et comme le résultat d'un accident survenu à l'occasion du travail ;

2° Que la jurisprudence avait devancé la loi du 9 avril 1898 en sanctionnant par une décision favorable la plainte en justice de l'ouvrier victime de la contamination syphilitique, survenue dans le travail même de l'atelier et à son occasion.

Nous suivrons l'ordre chronologique.

I

## Contamination par syphilis
### atteignant les ouvriers employés dans les ateliers.
### Patron civilement responsable
### pour n'avoir pas pris les précautions nécessaires.

Arrêt de la Cour de Dijon.

Audience du 23 avril 1869.

*Succès de l'ouvrier demandeur.*

La Cour,

Considérant, en droit, qu'aux termes de l'article 1384 du Code Napoléon, les maîtres et commettants sont responsables du dommage causé par leurs domestiques ou préposés dans les fonctions auxquelles ils les ont employés ;

Qu'il est de doctrine et de jurisprudence, ainsi d'ailleurs que cela résulte expressément du rapport fait au Tribunal et des prescriptions littérales du paragraphe 5 du même article 1384 du Code civil que, si les pères, mères, instituteurs ou artisans, peuvent s'exonérer de cette responsabilité en prouvant l'impossibilité où ils ont été d'empêcher le fait qui y a donné lieu, il n'en est pas de même des maîtres et des commettants ;

Que la différence établie par le législateur a son origine dans la nature des choses, la responsabilité des pères, mères, instituteurs et artisans étant illimitée et s'appliquant à tous les actes des personnes placées sous leur surveillance, tandis que la responsabilité des maîtres et commettants est limitée aux actes commis par les préposés dans l'emploi même auquel ils sont affectés ;

Que le libre choix des ouvriers appartient au maître, la loi l'a rendu nécessairement garant des rapports forcés établis entre eux par son fait dans l'exercice de leur industrie ; que la sécurité de tous exigeait cette protection et que, si le maître a trop légèrement donné sa confiance ou n'a pas pris de renseignements suffisants sur la moralité ou la capacité de celui qu'il introduit dans son usine au préjudice d'autrui, il doit réparer le mal qu'il pouvait conjurer d'avance, et auquel ont été fatalement condamnées les victimes de sa négligence et de son incurie;

En fait, que la responsabilité directe de Z... (1) contre X... (2) ayant été reconnue par jugement et que Y... (3), cité par X... comme civilement responsable n'ayant point appelé à l'égard de Z... *il est désormais constant que l'infection syphilitique dont a souffert X... lui a été communiquée par l'aide-souffleur Z...,* et résulte DE L'USAGE QU'ILS FONT EN COMMUN, DANS L'EXERCICE DE LEUR PROFESSION, DU TUBE EN FER CREUX SERVANT A LA FABRICATION DES BOUTEILLES ET PASSANT DES LÈVRES VICIÉES DE Z... A CELLES DE L'APPELANT;

*Qu'il est acquis au procès qu'*A L'ÉPOQUE OU Z... A ÉTÉ REÇU A LA VERRERIE DE L..., IL VENAIT D'ÊTRE CONGÉDIÉ DE CELLE DE MONTLUÇON OÙ IL AVAIT COMMUNIQUÉ LE VIRUS SYPHILITIQUE A PLUSIEURS DE SES COMPAGNONS DE TRAVAIL; qu'il eût été facile à Y... de demander et d'obtenir des renseignements sur un fait aussi flagrant; que, suffisamment éclairé sur l'état sanitaire de Z..., il n'aurait point exposé ses ouvriers aux funestes conséquences du mal dont X... a été atteint; mais qu'en l'admettant dans son établissement sans s'être informé de ses antécédents et l'associant au travail des tiers dans l'exercice obligé de leur industrie, Y... ne peut se soustraire à la garantie que lui imposait la loi et la plus vulgaire équité envers la victime de son imprudente confiance;

Qu'au surplus, et alors même que le § 5 de l'article 1384 s'appliquerait indistinctement aux maîtres et com-

---

(1) Z..., l'aide-souffleur contaminateur (de X..., ouvrier verrier), condamné *seul* à des dommages-intérêts en première instance.

(2) X..., ouvrier verrier, contaminé, appelant.

(3) Y..., patron, intimé, appelé comme solidairement responsable par X...

mettants, comme aux pères, mères, instituteurs et artisans, on ne saurait, dans les circonstances particulières où elle s'est produite, considérer la communication du virus imputé à Z... comme un cas fortuit ou de force majeure que la prévoyance du maître ne pouvait conjurer;

*Que la fréquence de ces accidents, dont la science se préoccupe à juste titre, n'étant point ignorée des directeurs de verrerie*, en présence d'un danger connu et prévu, la loi, à défaut de règlements spéciaux, prescrivait à l'intimé les mesures de vigilance nécessaires pour préserver ses ouvriers des effets de la contagion par l'introduction dans son usine d'un individu depuis longtemps infecté;

Qu'il y a donc lieu de déclarer Y..., comme gérant de l'établissement de L..., solidairement responsable envers l'appelant du fait reproché à Z... (1) et des dommages-intérêts mis à la charge de celui-ci par les premiers juges. » Etc. (2)

## II

Cet autre jugement ou mieux ces autres jugements sur la *même* affaire visent l'article 3, § 3, de la loi du 9 avril 1898 : l'affaire en effet est venue *trois fois* devant le juge et a été portée en appel par le patron condamné :

---

(1) L'aide-souffleur, qui, après avoir semé la syphilis chez ses camarades de la verrerie de Montluçon, vient à nouveau la semer parmi ses camarades de l'usine de L..., n'est-il pas coupable de *négligence volontaire*, et le délit pénal ne s'appliquérait-il pas légitimement à tout individu contaminateur dans un tel cas de persistance, s'il n'est vraiment ignorant ou *obtus*?

(2) *Le quantum* des dommages-intérêts dans ces zones où l'industrie verrière compte de nombreuses usines (Dijon, Lyon, etc.) varie de 3.000 à 5.000 francs *et même plus*. (Pr Gailleton, op. cit., p. 8.)

**Contamination par syphilis
atteignant un ouvrier employé dans un atelier;
Société civilement responsable, etc.
Loi du 9 avril 1898.**

Premier jugement de la Justice de paix
du 8ᵉ canton (3ᵉ arrondissement)
de Lyon.

Audience du 28 juin 1901 : M. Bal., juge de paix.

*Succés de l'ouvrier demandeur.*

Nous, Juge de paix,

Attendu qu'il est suffisamment résulté des débats de l'audience que, le 9 décembre dernier, le sieur X..., ajusteur à la Société nouvelle des établissements de l'Horme et de la Buire, a été blessé pendant son travail à la phalange supérieure du pouce de la main droite;

Qu'en desserrant une poulie d'arbre de transmission à l'aide d'une clef qui s'est échappée de sa main, il a heurté l'angle d'un coussinet de cuivre, ce qui a produit une contusion avec légère excoriation dans la région du pouce droit ci-dessus indiquée;

Que cette blessure a paru tout d'abord extrêmement légère et sans importance, que la plaie guérit spontanément au bout de trois à quatre jours sans avoir été l'objet d'aucun pansement, d'aucun lavage et sans avoir obligé X... à cesser le travail;

Qu'en raison de ce peu de gravité apparente, la déclaration d'accident prescrite par l'article 11 de la loi du 9 avril 1898 n'a pas été faite;

Que cependant cette lésion au pouce, qui avait d'abord été considérée comme insignifiante, ne tarda pas à s'aggraver;

Que dès le 20 décembre apparut sur ce doigt un bouton rouge qui se creusa vers le 25 décembre, devint dou-

11.

loureux et obligea X... à se rendre à la visite de l'Hôtel Dieu où M. le D<sup>r</sup> Z... reconnut une lésion syphilitique initiale;

Qu'envoyé à l'Hôpital de l'Antiquaille, X... y était admis dans le service spécial de M. le P<sup>r</sup>-D<sup>r</sup> G... et y subit trois traitements, le premier du 17 janvier 1901 au 14 février, le deuxième du 2 au 15 mai, le troisième du 17 mai au 1<sup>er</sup> juin;

Qu'il résulte d'un premier certificat délivré par le même professeur que X... présentait pendant son séjour à l'hôpital de nombreuses plaques et lésions de caractère syphilitique sur diverses parties du corps et que l'excoriation du 9 décembre produite par un coussinet de cuivre, probablement infecté, est bien l'origine de la maladie;

Que, dans un deuxième certificat en date du 20 juin présent mois, le P<sup>r</sup> G... constate à nouveau que « *il est infiniment probable que le traumatisme par un objet infecté a été le point de départ de la maladie* »;

Que d'une façon plus affirmative encore il déclare que cette maladie a commencé par le pouce droit; que *la marche et l'évolution du chancre primitif eussent été autres si la plaie eût été infectée postérieurement à l'accident du 9 décembre;*

Attendu que dans ces conditions il ne saurait, en présence des constatations et des affirmations d'un médecin de la haute compétence de M. le P<sup>r</sup> G..., il ne saurait, disons-nous, être mis en doute que la maladie grave dont est atteint X... est bien le résultat direct de l'accident prérappelé;

Que par suite la Société défenderesse est tenue des indemnités prévues par l'article 3, § 3, de la loi du 9 avril 1898;

Attendu que la Société de l'Horme et de la Buire a d'ailleurs implicitement reconnu elle-même son obligation en payant une première fois sans observation à X... l'indemnité journalière de demi-salaire afférente à la première période d'incapacité subie par cet ouvrier du 2 janvier au 18 février;

Attendu qu'à sa sortie de l'hospice, le 18 février, X...
a repris le travail et a pu le continuer jusqu'au 2 mai,
date de sa deuxième admission au même hôpital;

Que sorti une deuxième fois le 15 mai, il était de nouveau en état de reprendre le travail;

Qu'il a été, il est vrai, refusé dans les chantiers de la
Buire, mais que s'il estime que ce refus constituait un
renvoi abusif, il lui appartient de former de ce chef une
demande en dommages-intérêts dont nous ne sommes
pas actuellement valablement saisi par une action basée
sur les dispositions spéciales de la loi de 1898 et suivant
les formes qu'elle édicte;

Que cependant et quoi qu'il en soit, le 17 mai, X...
était encore pour la troisième fois admis à l'hospice de
l'Antiquaille d'où il sortait le 1er juin, sinon guéri définitivement, du moins en état de reprendre ses occu-
pations ordinaires;

Qu'indépendamment de la période d'incapacité du
2 janvier au 18 février, dont il a été indemnisé, X... a
donc subi deux nouvelles périodes d'incapacité, l'une de
treize jours, du 2 au 15 mai, l'autre de quinze jours, du
17 mai au 1er juin, en tout 28 jours pour lesquels indemnité lui est actuellement due;

Attendu que les deux parties sont d'accord pour reconnaître que les salaires de X... étaient, au moment de
l'accident, de 5 fr. 50 c. par jour, ce qui établit à
2 fr. 75 c. le prix de la demi-journée et à 28 fois
2 fr. 75 c. ou 77 francs, l'indemnité totale due pour
28 jours d'incapacité non payés;

Attendu en outre, que si X... est actuellement en état
de travailler et d'exercer sa profession, il y a lieu, d'après
les déclarations de M. le Pr G... de prévoir que la maladie
dont X... est atteint se prolongera pendant un temps
assez long, trois ou quatre années au moins;

Que pendant ce temps, il est à redouter que le malade
soit soumis à des rechutes temporaires plus ou moins
prolongées et qu'il y a lieu de lui faire des réserves
expresses pour le cas où ces craintes viendraient à se
réaliser;

Par ces motifs,

Statuant contradictoirement et en dernier ressort,

Disons que X... a été victime d'un accident de travail le 9 décembre dernier au service de la Société nouvelle des établissements de l'Horme et de la Buire ;

Que l'incapacité de travail qui en est résultée, a été depuis lors jusqu'à ce jour : 1º de 28 journées en raison desquelles il a déjà été indemnisé ; 2º de vingt-huit autres journées en raison desquelles il lui est dû une indemnité journalière de 2 fr. 75 c. ;

Condamnons en conséquence ladite Société défenderesse à payer à X... la somme de 77 francs outre intérêts tels que de droit et les dépens de l'instance ;

Faisons toutes réserves à X... pour réclamer toute autre indemnité qu'il appartiendrait, en cas de rechute par suite de la maladie dont il est atteint et résultée de l'accident du 9 décembre 1900.

### Deuxième jugement de la Justice de paix du 8e canton de Lyon.

*Même affaire.* — Audience du 4 juillet 1902.

Nous, juge de paix :

Ouï le sieur X... en ses dires et explications ;

Ouï Me C..., avocat conseil de la Société nouvelle des établissements de l'Horme et la Buire qui a pris et développé les conclusions suivantes :

« Plaise au tribunal :

» Rejeter purement et simplement la demande formée par X...

» Subsidiairement désigner un médecin expert qui sera chargé d'examiner X... et de dire :

» 1º Si la maladie syphilitique dont il se plaint doit son origine à l'accident prétendu du 9 décembre 1900 ;

» 2º Si l'état morbide dans lequel il se trouve actuellement constitue une rechute de la maladie antérieure, ou une maladie indépendante.

» Sous toutes réserves. »

Attendu que des explications des parties à la barre et

des renseignements fournis par elles il est résulté que X... base sa demande sur ce fait qu'il aurait été atteint le 9 décembre 1900, au cours de son travail d'ouvrier ajusteur-mécanicien dans les chantiers de la Buire, d'une blessure avec excoriation au pouce de la main droite, après heurt plus ou moins violent contre un objet probablement infecté;

Que la lésion du pouce ayant paru tout d'abord extrêmement légère, et sans importance, il n'a pas immédiatement cessé le travail;

Que cependant, vers le 20 décembre était apparu sur le pouce, à l'endroit où l'excoriation s'était produite, un bouton rouge, devenu douloureux vers le 25 décembre, et qui l'a obligé à suspendre son travail;

Qu'il se rendit à la visite médicale gratuite de l'Hôtel-Dieu où M. le D$^r$ Z..., après examen, reconnut au pouce blessé tous les premiers symptômes d'une lésion syphilitique initiale;

Qu'envoyé à l'hospice de l'Antiquaille, il y a été admis dans le service spécial de M. le P$^r$-D$^r$ G... qui a pleinement confirmé le diagnostic de M. le D$^r$ Z...;

Attendu que l'Administration de la Société nouvelle des établissements de l'Horme et la Buire a reconnu implicitement en principe, à cette époque, soit la réalité de la blessure accidentelle, soit la gravité de ses conséquences, en payant sans contestation et sans difficulté à X... ses demi-salaires du 2 janvier 1901 au 16 février suivant, soit pendant la durée d'un premier séjour que ce blessé a dû faire à l'hospice de l'Antiquaille;

Attendu cependant que le 2 mai suivant (1901) X... dut cesser de nouveau le travail pour les mêmes motifs, subir un autre traitement au même hospice jusqu'au 15 dudit mois, puis y rentrer encore deux jours plus tard pour y rester jusqu'au 1$^{er}$ juin;

Qu'alors la Société de l'Horme et de la Buire refusa toute nouvelle indemnité et fut assignée par X... devant nous;

Qu'un témoin, le sieur Y..., ajusteur aux ateliers de la Buire, contradictoirement entendu en présence des parties au cours du procès, affirma la sincérité de l'accident du 9 décembre, blessure de X... au pouce de la main droite, avec légère excoriation, à la suite d'un choc contre un coussinet de cuivre, au cours d'un travail de nuit ;

Qu'une expertise fut ordonnée à la suite de laquelle M. le Dr G..., professeur à la Faculté de médecine, a formellement déclaré que c'est bien l'excoriation du doigt qui a été l'origine du mal, que la maladie a commencé par le pouce droit, qu'il est infiniment probable que le traumatisme par objet infecté a été le point de départ de cette maladie, que la marche et l'évolution du chancre eussent été autres si la plaie eût été infestée postérieurement à l'accident du 9 décembre, que tout enfin porte à penser que l'excoriation et la contamination ont eu lieu en même temps ;

Que dans ces conditions est intervenu, le 28 juin 1901, un jugement enregistré, ayant acquis aujourd'hui l'autorité de la chose jugée qui décide irrévocablement que X... a été victime d'un accident du travail le 9 décembre 1900 au service de la Société de l'Horme et de la Buire, que l'incapacité de travail qui a suivi et qui s'est traduite par l'apparition d'une maladie syphilitique est bien due à cet accident ; que si X... était en état de reprendre le travail au moment où ce jugement a été rendu, il y avait lieu de prévoir, conformément aux conclusions de l'expert, que la maladie se prolongerait pendant un temps assez long, trois ou quatre années au moins ;

Que ce même jugement a fait d'expresses réserves à X... pour qu'en cas de rechute durant cette période et après l'expiration d'une année, la prescription particulière édictée par l'article 18 de la loi du 9 avril 1898 ne pût être considérée comme acquise ;

Attendu que vainement la Société de l'Horme et de la Buire, prétend-elle aujourd'hui que la demande de X... portant sur l'allocation d'une indemnité nouvelle, la réalité de l'accident et de ses conséquences peut être discutée à nouveau sans que l'autorité de la chose jugée puisse lui être opposée ;

Qu'évidemment l'autorité de la chose jugée ne s'applique pas à la demande nouvelle en ce sens que X... doit prouver l'existence des rechutes par lui alléguées et justifier que l'incapacité nouvelle qu'il aurait subie est non seulement certaine, mais encore une conséquence directe de l'infection contractée dans l'accident du 9 décembre 1900;

Mais qu'on ne saurait pas plus remettre en discussion cet accident lui-même et la maladie qui en est résultée, qu'on ne saurait être admis au civil, à l'occasion, par exemple, d'une demande en dommages-intérêts basée sur le préjudice résulté d'un délit, à discuter ou nier l'existence de ce délit, si la juridiction correctionnelle en avait proclamé l'existence dans une décision devenue définitive;

Attendu, sur la rechute alléguée, que des rechutes à la maladie dont X... a contracté le germe dans l'accident du 9 décembre 1900, étaient, ainsi qu'il vient d'être dit, prévues par le médecin expert et par le jugement qui a fait à X... des réserves pour ce cas;

Que cette rechute est en outre suffisamment et pleinement établie par trois certificats versés aux débats, savoir :

1° Un certificat en date à Caen (Calvados) du 2 juin 1902 constatant que X... est entré à l'hôpital de cette ville le 12 février et qu'il en est sorti seulement le 2 juin ;

2° Un certificat en date du 1er mars 1902 délivré par le chirurgien traitant du même hospice qui constate que le même X... est entré à l'Hôtel-Dieu de Caen le 11 février pour *des accidents consécutifs à son affection syphilitique d'origine non vénérienne*;

3° Un autre certificat du même chirurgien en date à Caen du 4 juin dernier déclarant X... « *atteint actuellement de douleurs ostéocopes dues à la syphilis tertiaire contractée dans les circonstances déjà connues en justice* »;

Que ces diverses constatations et circonstances contre lesquelles il n'a été apporté aucune contradiction sérieuse rendent toute nouvelle expertise inutile;

Attendu que le *quantum* du salaire de X..., 5 fr. 50 c. par jour, au moment de l'accident, n'est pas contesté;

Qu'il y a donc lieu, par suite, de lui accorder à titre de nouvelle indemnité pour nouvelle incapacité temporaire pendant 111 jours, du 12 février dernier au 2 juin inclus, 111 fois la moitié de son salaire, ou 111 fois 2 fr. 75 c. ;

Par ces motifs,

Statuant contradictoirement et en dernier ressort ;

Sans nous arrêter à la demande d'expertise qui est rejetée comme inutile ;

Condamnons la Société nouvelle des Établissements de l'Horme et de la Buire à payer à X... pour incapacité de travail du 12 février au 2 juin, la somme de 305 fr. 25 c.

La condamnons également aux intérêts de droit et en tous les dépens.

Maintenons expressément les réserves déjà faites à X... pour réclamer toutes autres indemnités auxquelles il pourrait avoir droit en cas de nouvelle rechute avant la guérison complète de la maladie contractée le 9 décembre 1900. Ordonnons l'enregistrement des trois certificats visés au procès.

Ainsi fait et jugé, etc.

### TROISIÈME JUGEMENT DE LA JUSTICE DE PAIX DU 8ᵉ CANTON DE LYON.

*Même affaire.* — Audience du 8 août 1902.

Nous, juge de paix :

Attendu qu'il est suffisamment résulté des débats de l'audience, des explications des parties et des renseignements fournis par elles que, le 9 décembre 1900, le sieur X..., ouvrier ajusteur, a été, durant son travail aux ateliers de la Buire, accidentellement blessé à la phalange supérieure du pouce de la main droite ;

Que, par un jugement rendu en ce siège le 28 juin 1901 la Compagnie défenderesse a été condamnée déjà à payer audit X... la somme de 77 francs à titre d'indemnité pour incapacité temporaire de travail résultée de cet accident ;

Que des réserves ont été faites à X... pour réclamer ultérieurement toutes autres indemnités qu'il appartiendrait en cas d'incapacité nouvelle pouvant résulter à l'avenir de ce même fait ;

Que par un deuxième jugement en date du 4 juillet dernier, une nouvelle condamnation a été prononcée par les mêmes motifs contre la Compagnie de l'Horme et de la Buire au profit de X..., avec les mêmes réserves en cas de rechute ;

Attendu que cette prévision s'étant réalisée, X... est toujours, temporairement tout au moins, dans l'impossibilité de se livrer à aucun travail sérieux ;

Par ces motifs,

Statuant contradictoirement et en dernier ressort,

Condamnons la nouvelle Société de l'Horme et de la Buire à payer à X..., sous les mêmes réserves, et pour 29 autres journées d'incapacité de travail, la somme de 79 fr. 75 c. outre intérêts de droit et les dépens.

### Quatrième jugement.

### Tribunal civil de Lyon (2e chambre).

*Appel.*

*Même affaire.* — Audience du 7 août 1902.

Ouï les avoués et avocats des parties ;

Ouï M. Bresson, substitut de M. le Procureur de la République, en ses conclusions ;

Attendu que le tribunal est saisi, par la Société de l'Horme et de la Buire, d'une double instance, savoir : 1° l'appel d'un jugement rendu par M. le juge de paix du huitième canton de Lyon, la condamnant à payer à X... une indemnité temporaire à raison d'un accident de travail ; 2° une demande tendant à faire suspendre statué sur ledit appel ; que ces instances sont intimement liées, qu'il y a lieu de les joindre et de statuer, par un seul et même jugement ; en la forme :

Attendu que X... oppose à tort la non-recevabilité de l'appel ; qu'en effet, devant le premier juge, la Société de l'Horme et de la Buire *a soutenu que la maladie actuelle*

*de son ouvrier n'avait pas pour cause un accident de tra-*
*vail et que l'article premier de la loi du 9 avril 1898 ne lui*
*était pas applicable ; qu'elle a ainsi contesté la compétence*
*du juge de paix* dont la décision, quelle qu'en soit la
qualification, devient sujette à appel par application de
l'article 14 de la loi du 25 mai 1838.

Au fond,

Attendu que X..., ajusteur au service de la Société,
disant avoir été victime, le 9 décembre 1900, d'un accident du travail, a assigné celle-ci devant le juge de paix
du huitième canton, en paiement de l'indemnité temporaire ; que, par un premier jugement en date du 28 juin
1901, aujourd'hui définitif, ce magistrat a décidé, conformément aux conclusions des deux certificats délivrés par
M. le Pʳ G..., que la syphilis dont X... souffrait, était
le résultat direct de l'accident du travail qui lui était
survenu le 9 décembre 1900 et a condamné la Société
de l'Horme et de la Buire au paiement de l'indemnité
temporaire, donnant en outre acte à X... de ses réserves
pour l'avenir, la maladie dont il était atteint pouvant
se prolonger pendant un temps assez long et donner lieu
à des rechutes temporaires ;

Attendu que, suivant exploit du 30 avril 1902, X... a
assigné la Société en paiement d'une somme de 305 fr. 25 c.
pour nouvelle incapacité du 12 février 1902 au 2 juin
suivant ;

Que par jugement du 4 juillet 1902 dont est appel,
le juge de paix, après avoir constaté que la nouvelle
incapacité subie était une conséquence directe et immédiate de l'infection contractée lors de l'accident du 9 décembre 1900, a condamné la Société de l'Horme et de la
Buire, au paiement des sommes réclamées ;

Attendu que la Société ayant exécuté volontairement
le jugement du 28 juin 1901, aujourd'hui définitif et
passé en force de chose jugée, ne saurait être admise à
contester à nouveau le fait de l'accident et la maladie,
la syphilis, qui en a été la conséquence directe ; qu'il
importe uniquement de rechercher si l'incapacité temporaire dont X... a été frappé du 12 février au 2 juin 1902

était due à une rechute de la syphilis ou avait une cause étrangère à cette maladie;

Attendu que, dans la décision dont est appel, le premier juge constate que cette rechute avait été prévue par l'expert, M. le Pr G..., et qu'elle est nettement établie par plusieurs certificats délivrés par les médecins et chirurgiens qui ont soigné X... à l'hôpital de Caen;

Attendu que ces certificats présentent toutes les garanties voulues de sincérité et de savoir, qu'ils ne sont contredits par aucun document, qu'une nouvelle expertise serait dès lors à la fois inutile et frustratoire;

Attendu que le premier juge a fait une juste appréciation des droits des parties;

Qu'il ne saurait y avoir lieu de suspendre l'exécution de sa décision allouant à X... une indemnité qui a le caractère et l'urgence d'une provision alimentaire ;

Par ces motifs,

Le tribunal, ouï en audience publique, avoués et avocats des parties, ensemble, le ministère public en ses conclusions;

Statuant publiquement, contradictoirement, en matière sommaire et dernier ressort après délibéré : reçoit l'appel comme régulier en la forme, au fond confirme le jugement attaqué, du 4 juillet 1902, dit qu'il sortira son plein et entier effet; rejette les conclusions subsidiaires de l'appelant tendant à une expertise, laquelle serait à la fois inutile et frustratoire; rejette comme irrecevables et mal fondées toutes autres demandes et conclusions des parties;

Condamne la Société de l'Horme et de la Buire, aux dépens distraits à Me ***, avoué, sur son affirmation de droit (1).

_______________

(1) Il s'agit ici, comme voit le lecteur, d'une indemnité temporaire et renouvelable due et versée pour *incapacité temporaire* aux termes de la loi invoquée. Il eût été juridiquement et médicalement intéressant de savoir la suite du procès porté, par la victime même, sur le terrain de la loi de 1898; mal-

Inversement, nous donnons ci-après une décision du tribunal de la Seine repoussant les prétentions du demandeur qui n'a pu les justifier; ce jugement est de la même époque que les précédents (1) :

---

heureusement, comme nous fait l'honneur de nous l'écrire M. Bal, juge de paix du 8ᵉ canton (Lyon-Guillotière) qui a eu l'obligeance de nous donner les textes et le détail de cette affaire, X..., l'ouvrier ajusteur contaminé, a disparu ou tout au moins n'a plus formulé aucune réclamation devant M. le Juge de paix, ni adressé directement de demande à l'Administration de la Société de l'Horme et de la Buire, près de laquelle M. le Juge de paix s'est enquis officieusement et qui n'a plus entendu parler de son ancien ouvrier. Les jugements si savamment motivés par M. le Juge de paix Bal, ne paraissent avoir été publiés dans aucun recueil judiciaire : le jugement du Tribunal civil de Lyon en date du 7 août 1902, a été reproduit *in extenso* dans le journal *le Droit* du 15 février 1903 avec mention sommaire d'un jugement de M. le Juge de paix Bal.

(1) Nous relevons aux mêmes dates un *arrêt de la Cour d'appel de Lyon du 3 août 1903* dont la solution établit également que « la syphilis dont un ouvrier verrier a été atteint par suite de son travail est considérée comme une des maladies professionnelles admises au bénéfice de la loi du 9 avril 1898 et comme le résultat d'un accident survenu à l'occasion du travail » :

« La Cour,

» Attendu qu'il est facile d'assigner à la syphilis dont serait atteint X... une origine et une date déterminées;

» Que consécutive à l'exercice de la profession de X... elle serait bien encore le résultat d'un véritable accident survenu au cours du travail et à l'occasion du travail;

» Qu'on ne peut donc dans les conditions où elle serait survenue considérer cette syphilis comme une des maladies professionnelles exclues du bénéfice de la loi du 9 avril 1898;

» Adoptant les motifs des premiers juges

» Par ces motifs,

» Confirme, etc.

TRIBUNAL CIVIL DE LA SEINE (CHAMBRE DES VACATIONS).

Présidence de M. LEFÈVRE-DEVAUX (Septembre 1903).

*Prétendue « avarie » d'un ouvrier verrier.*

## Échec du demandeur.

Attendu que X...., atteint d'« avarie » à la bouche, prétendant qu'il avait contracté cette affection chez Stampf et Cⁱᵉ dans le courant du mois de novembre 1902 en se servant d'une canne pour souffler le verre, que lui passait, suivant la coutume, le jeune Z...., souffrant d'une semblable affection, a assigné, en vertu de la loi du 9 avril 1898, Stampf et Cⁱᵉ en paiement d'une rente viagère annuelle de 750 francs ;

Attendu que la loi précitée n'apportant aucune dérogation au principe posé par l'article 1384 du Code civil, il incombe à l'ouvrier demandeur en indemnité de prouver l'accident et la relation entre cet accident et le travail ;

Attendu que X... ne rapporte pas la preuve que l'affection dont il est atteint soit survenue à l'occasion de son travail chez les défendeurs ;

*Que les faits* dont il prétend tirer cette preuve *sont* dès à présent *démentis* par les documents et circonstances de la cause ;

*Qu'il n'est pas vrai de dire que le jeune Z... ait été, à aucun moment, atteint d'« avarie » :*

Que *les certificats versés aux débats*, celui du docteur qui soigne habituellement la famille Z... comme celui du médecin en chef de l'hôpital Saint-Louis *démontrent* en effet, *que le jeune ouvrier Z... est indemne de tout symptôme de la nature de ceux produits par la maladie spécifique dont s'agit ;*

Que la demande doit être rejetée ;

Par ces motifs,

Dit que X... ne fait pas la preuve que la maladie dont il se plaint soit survenue au cours ou à l'occasion de son travail chez Stampf et C$^{ie}$, avant son congédiement par ceux-ci ;

Le débouté de sa demande, etc.

Il ressort également de ce jugement que la syphilis constitue un accident de travail à condition que le plaignant établisse que c'est bien au cours de son travail qu'il a contracté la maladie. Il n'échappera pas au lecteur que le jeune Z..., mis en cause par X... comme prétendu contaminateur, relève le médecin de sa famille et le médecin de l'hôpital du secret médical pour prouver que l'affection qui avait motivé leurs soins n'avait rien de spécifique.

## II

# Éléments constitutifs
## du délit pénal de contamination.

### Espèces délictueuses.

L'idée-mère du délit civil de contamination et de son utile extension juridique à des espèces diverses, bien établie, nous venons à la législation pénale sur la contagion intersexuelle. Désormais le principe du délit ne repose plus seulement sur un dommage privé, mais sur un dommage public, social, qui est la raison d'être même du régime nouveau et de son introduction au Code pénal.

C'est ici que les contestations s'élèvent sur les éléments mêmes de la culpabilité du contaminateur délinquant.

Quant à nous, nous n'avons jamais cessé de considérer que la mentalité de cet agent est délictueuse. à différents degrés sans doute, et le détail analytique des cas de contamination qui se produisent dans la vie de liberté sexuelle, simplement désordonnée et à plus forte raison prostitutionnelle, prouve surabondamment à nos yeux cette culpabilité.

Le lecteur a vu que la contamination au pénal peut être incriminée : 1° comme *volontaire ou intentionnelle*; 2° comme *consciente*, c'est-à-dire *volontairement imprudente*; 3° comme *imprudente* du fait de l'ignorance du mal ou de la croyance à la guérison « radicale ».

Nous allons passer en revue les divers cas, exemples réels et vécus ou hypothèses réalisables — nous devrions dire réalisées — sous lesquels le délit pénal de contamination intersexuelle se présente ou est susceptible de se présenter. Le lecteur jugera lui-même si, dans de tels épisodes, le contaminateur ou la contaminatrice ne sont purement et simplement coupables que d'une faute civile.

## 1° Délit pénal de contamination volontaire ou intentionnelle.

*Vengeance. — Perfidie. — Rixe. — Expérimentation. Espoir de guérison.*

Un de nos distingués collègues de la *Fédération*, M. André Bel, docteur en droit, avocat à la Cour d'appel de Paris, sur l'excellente initiative duquel, en 1902, la majorité de la Conférence Molé-Tocqueville s'est prononcée pour l'abolition de la Police des mœurs, écarte systématiquement cette première forme du *Délit pénal* procédant d'un prétendu esprit de méchanceté et de vengeance — comme « romanesque » (1).

Nous ne sommes pas de cet avis qu'il n'y a là qu'invention ou fantaisie.

Que les cas de contamination intentionnelle ne soient pas la majorité des cas, il est possible ; mais on peut disputer. Il n'y a guère qu'un ou qu'une syphilitique qui pourrait écrire ce passage de ses

---

(1) Seconde conférence internationale de Bruxelles, t. II, compte rendu des débats, 1ʳᵉ question, p. 344 (H. Lamertin, Bruxelles 1903).

mémoires secrets et faire connaître quelle est, en réalité, la mentalité « intellectuelle » ou passionnelle d'un malade qui se sachant contagieux passe outre et approche une femme ou un homme qu'il ou elle sait ou présume sain. A défaut des confessions très personnelles d'autrui, d'un malade d'une sincérité cynique ou repentante, on peut cependant suppléer sans trop de peine à cette lacune.

M. Fournier dans sa longue pratique n'en cite qu'un cas qu'il a rapporté à la *Commission extraparlementaire du régime des mœurs*, précisément pendant le débat sur le délit pénal : il s'agit d'une femme qui, voulant se venger d'une autre femme qu'elle poursuit de sa haine, l'invite à un *five o'clock* et lui sert une tasse de thé dont elle a préalablement enduit les bords avec du virus syphilitique recueilli sur son propre amant! Ne qualifions pas le cas : il est caractéristique, typique du *délit intentionnel*.

M. Fournier, M. le Dr Balzer à la *Commission extraparlementaire* disent ces cas précis de contamination volontaire, s'adressant à une victime déterminée, très rares : nous ne le nions pas. Nous nous sommes contenté nous-même, n'ayant pas exercé la médecine spéciale de ces deux maîtres, de rappeler dans la Commission comme exceptionnel l'exemple historique de la syphilis — probable — de François Ier, gagnée par notre roi *galantuomo* auprès d'une de ses maîtresses, une femme mariée, contaminée « intentionnellement » par son mari, qui avait été prendre lui-même volontairement le mal, afin d'en atteindre le roi par l'intermédiaire de l'épouse infidèle.

L'histoire de la belle Féronnière est relatée chez

12

les écrivains du xve siècle, et par les historiens et érudits les plus exactement documentés du xvie et du xviie siècles. Que François Ier soit mort d'une syphilis tertiaire ou d'un phlegmon périnéen par suite de rétention d'urine plus ou moins liée au rétrécissement uréthral, nous rapportons le fait en observant qu'à une époque où les passions individuelles et les mœurs générales étaient encore d'une violence mal contenue (le sont-elles moins en matière sexuelle aujourd'hui?) le fait de cette vengeance des époux ou des amants offensés par l'infidélité de leur partenaire, vengeance tantôt simple, tantôt double comme dans le cas royal, parait avoir hanté les esprits et plus d'une fois été mis en pratique, comme nous l'allons voir.

Une place d'abord pour les textes qui concernent François Ier.

L'historien Mézeray relate pour l'année 1539 de son *Histoire de France* que trois mois après la signature de la Trève passée à Aigues-Mortes entre l'Espagne et la France, François Ier fut atteint d'un « abcès » qui le mit à toute extrémité.

« J'ai entendu dire quelquefois, continue Mézeray, qu'il avait pris ce mal de la belle Féronnière, l'une de ses maîtresses dont le portrait se voit encore aujourd'hui (*l'Histoire de France de Mézeray a paru de 1643 à 1651*) dans quelques cabinets anciens, et que le mari de cette femme, par une étrange et sotte espèce de vengeance, avait été chercher cette infection en mauvais lieu pour les infecter tous les deux. Le péril étant passé, ce mal tint le roi encore longtemps en langueur. »

En l'an 1547, Mézeray revient, à propos de la mort du roi, sur son état maladif et ajoute :

« Cet ulcère malin qui lui était venu, l'an 1539, n'ayant pu être guéri par ses médecins, qui n'osèrent pas le traiter avec la rigoureuse méthode qu'il faut apporter à ces maux-là, s'était traîné jusqu'au col de la vessie, et commençait à le ronger avec des ardeurs insupportables ; tellement que cette douleur et l'âcre levain de son infection, qui était épandu par toute l'habitude du corps, lui causaient une fièvre lente et une morne fâcherie qui le rendaient incapable d'aucune entreprise. »

Le savant érudit et philosophe, Pierre Bayle, dans son *Dictionnaire historique et critique* « à l'article François I<sup>er</sup> », se garde d'omettre ce détail des mœurs du temps, et dans une très longue notice énumère les écrivains, contemporains de François I<sup>er</sup>, qui se sont étendus sur les circonstances de la mort d'un prince relativement jeune (53 ans), survenue le 30 mars 1547. Avec son contemporain Mézeray, Bayle cite Varillas *(Histoire des Français)*, le père L'Enfant *(Calendrier)*, du Verdier, Louis Guïon et Brantôme *(Dames illustres)* ; et comme chez Bayle, véritable précurseur de l'Encyclopédie, l'érudition méticuleuse voisinant avec la critique philosophique ne perd jamais ses droits, notre minutieux auteur relate que les uns tenaient que le mari était un marchand de fer, habitant la rue de la Ferronnerie, les autres un avocat de Paris, M<sup>e</sup> Féron, d'où, dans les deux cas, le nom de la belle « Féronnière » donné par la chronique du temps à la maîtresse du roi dont un genre particulier de célébrité allait ainsi immortaliser railleusement le souvenir (1).

Tallemant des Réaux qui était contemporain de Mézeray, conte dans ses *Historiettes* quelques faits analogues à celui de la belle Féronnière, empruntés aux mœurs de la société parisienne du temps de Richelieu et de Louis XIII; mais ici ce sont les femmes, les épouses ou les grandes courtisanes qui jouent le rôle délictueux.

Tallemant parle d'abord de Ninon de l'Enclos qui

---

(1) Bayle fait d'après Louis Guïon (*Diverses leçons*) le récit suivant de la contamination du roi : « François 1er rechercha la femme d'un avocat de Paris, très belle et de bonne grâce, que je ne veux nommer, car il a laissé des enfans pourveus de grands estats et qui sont gens de bonne renommée, auquel cette dame ne voulut oncques complaire; ains au contraire le renvoyait avec beaucoup de rudes paroles dont le Roy estoit contristé. Ce que connaissans aucuns courtisans et m........x royaux, dirent au Roy, qu'il la pouvoit prendre d'autorité et par la puissance de sa royauté. Et de fait, l'un d'eux l'alla dire à cette dame, laquelle le dit à son mari. L'advocat voyoit bien qu'il falloit que luy et sa femme vuidassent le Royaume, encore auroyent-ils beaucoup à faire de se sauver s'ils ne luy obéissoient. Enfin le mari dispense sa femme de s'accommoder à la volonté du Roi; et afin de n'empescher rien en cette affaire, il fit semblant d'avoir affaire aux champs pour huit ou dix jours.

» Cependant il se tenoit caché dans la ville de Paris, fréquentant les bourdeaux, cherchant la v..... pour la donner à sa femme afin que le Roy la print d'elle; trouva incontinent ce qu'il cherchoit, et en infecta sa femme, et elle, puis après, le Roy, lequel la donna à plusieurs autres femmes qu'il entretenoit, et n'en put jamais bien guérir, car tout le reste de sa vie il fut malsain, chagrin, fascheux, inaccessible. » Bayle en terminant s'étonne que Brantôme qui parle de la v..... de François 1er ne désigne dans son livre « aucune femme particulière » c'est-à-dire ne conte pas l'histoire de la belle Féronière (Dictionn., Art. François 1er, note D, n° 20).

abandonnée par d'Andelot-Chastillon, et « plustôt d'humeur à quitter qu'à estre quittée ne trouva point ce traitement supportable ; pour s'en venger elle avoit voulu prendre du mal et elle avoit si bien poivré d'Andelot qu'il ne put estre remis de long-temps » (1). Tallemant toutefois, à l'honneur de Ninon, ne garantit pas l'historiette... tout en la rapportant.

Tallemant parle encore d'une dame Charlotte d'Auguchin, mariée en 1607 à Jean de Chezelles, sieur de Nueil, conseiller à la Cour des Aydes, qu'elle ne cessait de tromper le plus publiquement du monde. Sans cesse abandonnée par ses amants, elle résolut de se venger de l'un d'eux, qui avait plus démérité que les autres, et pour ce faire « elle prit une fois du mal tout exprès afin de le poivrer » (2).

Enfin le même chroniqueur-historien relate sous la rubrique, à elle seule caractéristique, de *Subtilité conjugale* (3), cette contamination d'un malheureux mari par l'épouse coupable ; plusieurs de nos amis, médecins ou avocats à Paris, nous ont confirmé avoir été à même d'observer dans leur propre clientèle ou au Palais des cas analogues à celui-ci :

« Un garçon de Paris dont je n'ai pu savoir le nom, couchait, écrit Tallemant de sa libre plume usuelle, avec la femme de son voisin et ayant été obligé d'aller au lieu d'honneur (4) par compaignie, il gaigna du mal et en donna aprez à cette femme,

---

(1) *Les Historiettes*, Ninon, t. IV, édit., in-18°, J. Techener, 1865, Paris, p. 416.

(2) *Id.*, t. V, Madame de Nuhé-Chezelles, p. 238.

(3) *Id.*, t. VI, *Subtilités conjugales*, p. 224-225.

(4) « Maisons de filles » (*Note de Tallemant*).

sans sçavoir qu'il en eust lui-même ; cela arrive assez souvent. *Elle s'en aperceût de bonne heure et luy dit qu'il trouvast quelque invention pour en donner à garder au mary.*

» Ce garçon convie quelques-uns de ses amys à disner chez luy ; il invite aussi le mary de cette femme ; il y avait fait trouver des mignonnes, et en avertit une, qui étoit la plus jolie et la plus adroitte, de faire toutes les choses imaginables pour obliger cet homme à la voir. Elle en vint à bout. Le soir, sa femme, qui avoit le mot, le caressa si bien qu'il fit le devoir conjugal. Il ne manqua pas de gaigner le mal qu'elle avoit. Dez qu'elle s'en fût aperçeûe, elle lui fit un bruit du diable, et le pauvre mary confessa son *délit (sic)* et lui demanda humblement pardon. »

Le lecteur excusera ces quelques citations sur des mœurs déjà lointaines ; il dira cependant si ces récits doivent être rejetés comme purs romans ou jouets d'esprit.

Dans le même ordre d'idées de contamination *volontaire* avec une nuance aggravante ou atténuante dans l'intention, nous ne nous arrêterons pas à la psychologie des cas pour ne pas alourdir ces pages ; nous demanderons seulement au lecteur comment il qualifiera la mentalité de la fille publique ou du coureur de filles, qui, malades tous deux, continuent — précisément parce qu'ils sont malades — à rechercher des relations sexuelles.

M. Brieux qui, avant d'écrire sa pièce « *Avariés* », s'est fortement documenté sur tous les mondes syphilisés qu'il a peints, de Saint-Lazare au cabinet du Professeur Fournier, nous paraît avoir très bien mis en lumière l'état d'esprit délictueux de la fille publique ou du moins de certaines filles publiques qui, contaminées, se vengent en semant systématiquement, *intentionnellement* leur syphilis. Ici l'intérêt de la contamination volontaire est que l'intention criminelle ne se localise pas sur une seule tête, celle d'une personne coupable d'abandon ou particulièrement détestée ; elle embrasse la foule masculine, le sexe viril, *tous les hommes* appelés ainsi à payer la faute d'un seul d'entre eux !

La « fille publique » de Brieux, après avoir fait le tableau de sa chute première, d'ailleurs lamentable (c'est l'histoire de beaucoup de ces pauvres femmes tombées : elle a été déflorée, rendue mère et chassée par son patron) raconte ainsi les incidents de sa chute définitive et les motifs de son délit quotidiennement renouvelé :

La Fille. — « ... Et puis... quand on a faim et qu'un joli garçon vous offre à dîner, faudrait vraiment être en bois pour refuser... Si encore j'avais eu un métier!... J'en avais pas... Alors finalement ça m'a conduite à Saint-Lazare... Seulement ça, c'est encore une histoire que je ne comprends pas... On m'y a mise parce que j'étais malade... Ces saligauds d'hommes vous flanquent une vilaine maladie et c'est moi qu'on fiche en prison... C'est un peu fort.

Le Docteur. — *Tu t'es bien vengée*... d'après ce que tu m'as dit.

La fille, *joyeuse*. — Oui, il y a eu de la rebiffe... (*Au beau père de l'« Avarié »*, *venu trouver le docteur à l'hôpital...*) Faut que je vous conte ça tout de même... Avant qu'on me mette à Saint-Lazare, le jour même où je venais d'apprendre que j'étais *pincée*, je rentrais furieuse naturellement... Boulevard Saint-Denis, savez-vous qui je rencontre?... mon ancien patron... Ça, c'est le bon Dieu qui l'a voulu... Je me dis : Toi, mon bonhomme, voilà le moment de me payer ce que tu me dois... avec les intérêts... J'y fais une risette... Ah! ça n'a pas été long, allez... *(Tragique.)* Et quand je l'ai eu quitté, *je ne sais quelle rage m'a passée dans le sang... j'ai pris tous ceux qui ont voulu...* pour ce qu'ils m'offraient, pour rien, s'ils n'offraient rien... *j'en ai emmené tant que j'ai pu... et les plus jeunes* et les plus beaux... *Ben quoi! j'faisais que leur rendre ce qu'ils m'avaient donné!...* (1)

Nous ferons figurer dans cette énumération des variétés du délit pénal de contamination, bien que l'origine immédiate en soit extra-sexuelle, les deux cas suivants qui n'ont malheureusement rien d'hypothétique.

Le premier est celui d'un homme qui se sachant syphilitique contagieux et atteint d'accidents buccaux florides, particulièrement dangereux, fait au cours d'une rixe *une morsure* à son adversaire, sachant que la lésion n'emportera pas seulement avec elle les simples suites d'une blessure ordinaire, mais empoisonnement syphilitique. Le cas est rare, dira-t-on, comme pour le cas de contamination volontaire singulier signalé à la Commission extra-parlementaire du Régime des mœurs par le Pr Fournier : il est vrai. Mais les recueils judiciaires bien fouillés en donneraient plus d'un exemple. Il y a quelques années, un médecin a été ainsi volontairement mordu

---

(1) « *Avariés* », Acte III, Sc. v. La fille est à l'hôpital et raconte son histoire devant le médecin et le beau-père de l'*Avarié* qui la font parler... Mais cette note est bien inutile au lecteur : tout le monde connaît la pièce et a retenu la scène.

par un client irascible — qui n'a été condamné qu'à des peines civiles, et méritait probablement plus.

Le second cas est rare de même, dira-t-on encore ; mais il n'est pas davantage une invention de l'esprit : nous voulons parler de ces inoculations du virus syphilitique pratiquées *systématiquement* par des médecins passionnés de science sans doute, mais n'ayant pas le courage auto-expérimental d'un Auzias Turenne, et préférant poursuivre la solution d'un problème clinique sur autrui plutôt que sur eux-mêmes.

Ces expériences *in animâ humanâ* florissaient au temps des interminables débats sur la contagiosité des acccidents secondaires de la syphilis. Ricord, nous l'avons vu au début de cette troisième partie, dans les expériences publiées par lui (celles-là seules doivent être retenues), expérimentait sur des malades déjà syphilitiques : le défaut de méthode scientifique des inoculations du chirurgien du *Midi* devait inspirer à d'autres médecins des expériences mieux établies.

Au cours d'un important débat poursuivi à l'Académie de médecine, de mai à décembre 1859, l'on vit à Paris et en province des médecins, et non des moindres, pratiquer sur des sujets *vierges de syphilis*, l'inoculation du virus syphilitique précisément pour vider cette longue querelle de la contagiosité des accidents secondaires de la syphilis que Ricord niait encore à cette date. L'Académie avait nommé une Commission composée de Gibert, Velpeau, Ricord, Devergie et Depaul ; Gibert accompagné du médecins légiste Devergie, délégué, inocula sous les yeux de ses collègues de l'hôpital Saint-Louis, Bazin et Hardy, la syphilis à quatre malades du service de Bazin atteints de lupus, maladie grave sans doute, mais sans rapport avec le virus inoculé. Les inoculations furent faites parallèlement avec du virus emprunté 1° à un syphilitique atteint d'accidents secondaires, et couché dans la même salle hospitalière que les inoculés ; 2° à un syphilitique en état de lésion initiale, du service de Puche à l'hôpital du Midi. Pratiquées au bras des patients, elles donnèrent toutes quatre un résultat identique, l'ulcère syphilitique primitif, accompagné de l'adénite axillaire caractéristique, puis des accidents secondaires (1). La démonstration était éclatante et, en 1860, Ricord publiait sa conversion à la contagiosité des accidents secondaires, en disant : « L'homme absurde est celui qui ne change jamais !... »

Gibert avait pu faire ses expériences en convainquant ses quatre malades que l'inoculation aurait un résultat curatif sur la marche de leur lupus, affection de nature tuberculeuse, et en obtenant ainsi leur consentement ; mais sa conscience d'homme et de médecin n'était pas tranquille, et le commentaire qu'il donna lui-même à ses expériences les juge suffisamment au point de vue moral : « C'est une mauvaise action : je ne la commettrai plus... »

---

(1) Les inoculations furent faites les 25 janvier, 9 février 1859, etc. ; les inoculés étaient âgés de 27 à 40 ans et atteints de lupus depuis, les uns 12 à 15 ans, les autres depuis l'enfance. (V. *Académie de médecine*, 24 mai 1859 et *la Gazette hebdomadaire de médecine et de chirurgie*, notamment les numéros des 27 mai et 23 décembre 1859).

Le consentement d'un patient adulte, conscient de la gravité de la syphilis, étant chose non facile à obtenir même parmi les malheureux admis dans les hôpitaux, d'autres médecins descendirent la pente de l'expérimentation coupable et ne craignirent pas de s'adresser à des *enfants*. Les tribunaux durent intervenir et couper court à cette curiosité scientifique dévoyée, par des condamnations d'ailleurs légères ressemblant moins à des peines qu'à des avertissements (1).

Dans cette première forme du délit de contamination, la forme « volontaire », on pourrait comprendre, bien qu'il ne s'agisse plus de syphilis, cette autre espèce plus odieuse encore.

Il s'agit du délit pénal de contamination intentionnelle accompli *pour se guérir de la maladie*. Nous extrayons de la chronique des tribunaux des journaux de province le cas typique suivant :

*22 mai 1902.* — Condamnation à un an de prison par le tribunal de Honfleur (Calvados) d'un individu qui, pour se guérir d'une blennorrhagie avait violé derrière l'église Saint-Léonard une fillette de 5 ans. (*Huis-clos.* — Défenseur M⁰ Roger).

Ce préjugé absurde et criminel que l'on ne saurait trop combattre et punir, est encore trop répandu : il consiste à croire qu'un homme se guérit d'une blennorrhagie s'il peut avoir des rapports sexuels avec une vierge — à laquelle il passe le mal.

_______________

(1) En décembre 1859, la 4⁰ chambre du tribunal civil de Lyon condamnait pour *blessures volontaires* le Dʳ X... à 100 francs et le Dʳ Z... à 50 francs d'amende pour avoir inoculé la syphilis à un enfant de 10 ans.

Dès les premières séances *de la Commission extra-parlementaire du Régime des mœurs*, M. le Procureur général Bulot, M. le D^r Lande, maire de Bordeaux, un maître de médecine légale, M. le député d'Iriart d'Etchepare, ancien maire de Pau, l'ont signalé comme encore vivace dans certaines régions de la France.

## 2° Délit pénal de contamination consciente

*Thèse du besoin sexuel.*

*Prostituées malades et proxénètes.*

*Mentalité du contaminateur étudiée par le P^r A. Le Poittevin.*

Dans l'échelle des fautes, après la contamination *essentiellement intentionnelle*, pour laquelle, par parenthèse, tout le monde est d'accord, sans distinction de nuance doctrinale ou de système, qu'il convient d'ériger une pénalité des plus sérieuses (1), vient la contamination *consciente*, celle qui est accomplie par une personne se sachant en état sexuel de répandre presque sûrement la contagion.

Nous n'ignorons pas, et nous ne voudrions pas

---

(1) M. André Bel propose l'application de l'article 317 du Code pénal ainsi conçu : « Celui qui aura occasionné à autrui une maladie ou incapacité de travail personnel, en lui administrant volontairement, de quelque manière que ce soit, des substances qui, sans être de nature à donner la mort, sont nuisibles à la santé, sera puni d'un emprisonnement deux mois à cinq ans et d'une amende de 16 à 500 francs... »

C'est d'ailleurs de cet article que s'était tout d'abord inspiré, à la Commission extra-parlementaire du Régime des mœurs, M. Denis, conseiller à la Cour de cassation, pour frapper le délit volontaire et conscient de contamination.

laisser proclamer par d'autres, toutes les atténuations qui doivent se présenter à l'esprit du législateur ou du juge pour apprécier avec équité soit l'acte de contamination consciente en soi, soit les variétés diverses qu'il peut affecter. Des contradicteurs, que leur jeunesse et leur ardeur qualifiaient en l'espèce, nous objectaient notamment à Lyon que les passions sexuelles sont irrésistibles et que la première circonstance atténuante, bien mieux la première excuse pour le syphilitique contaminateur, se trouve dans l'exercice même d'un besoin naturel ! La faim aussi est un besoin naturel et plus impérieux encore que le besoin sexuel, et cependant pour maintenir jusqu'ici un ordre après tout nécessaire, qu'elles qu'en soient les bases fondamentales d'ailleurs variables selon les temps, les religions et les gouvernements, on a considéré que la soustraction d'un pain était un délit pénal et que ce voleur, presque toujours digne du plus humain intérêt, ne devait pas être *a priori* respecté ou acquitté. C'est affaire au juge devant qui est amené ce malheureux de le renvoyer excusé. Mais qui songera à faire — en dehors de ce cas du besoin vital, sacré, de la faim à assouvir — un droit pour l'homme social de satisfaire un autre besoin naturel, nommément le besoin sexuel, et ce aux dépens de la santé, de la vie d'autrui ?

Le voleur qui, du reste, après avoir assouvi sa faim sur la moitié d'un pain en empoisonnerait, du même coup de bouche, l'autre moitié sans se soucier des successeurs à qui il la passserait, ne trouverait sans doute pas grâce devant les plus intransigeants avocats de la thèse de l'assouvissement des besoins naturels coûte que coûte, — coûte que coûte à autrui !

Le délit conscient d'infection vénérienne se rencontre à chaque pas dans la débauche publique, et les plus décidés libertaires d'entre les partisans de l'anarchie intersexuelle (à moins de se mettre délibérément au ban de toute philosophie sociale imaginable) ne doivent pas se résoudre à supporter cette débauche, sans avoir tenté de réaliser un effort au moins théorique vers un but d'intégrité corporelle bilatérale, nous entendons chez l'homme autant que chez la femme. La santé publique d'une nation, de toutes ses classes sans nulle distinction, est malheureusement en rapports étroits avec la débauche publique et c'est ce qui explique que les Gouvernements n'entendent pas, dans l'état actuel de l'éducation et des mœurs, étant donnée la mentalité atavique des individus et des collectivités modernes en matière de rapports intersexuels. proclamer l'absolue liberté des malades : leur erreur a été de ne s'occuper que des femmes et seulement pour les tyranniser par les pratiques du plus odieux et inintelligent arbitraire ; leur faute serait de continuer à ne s'occuper du problème de la santé publique spéciale qu'en s'obstinant dans ces errements illogiques autant que barbares.

Nous avons, dans l'*Avertissement*, cité ces cas odieux de contamination de jeunes filles, contaminations quadruples, sextuples, par le même homme ; nous mettons sur le même rang les actes de la Police des mœurs considérant les maisons publiques autorisées comme des succursales de Saint-Lazare et y plaçant, y incarcérant (cela s'est vu quand elles avaient des allures d'indépendance) des filles inscrites sorties le matin même de la prison non guéries, en sorte que l'administration municipale elle-même empoisonnait les malheureux visiteurs attirés par l'estampille officielle.

Nous attribuons la même culpabilité pénale aux misérables entremetteurs et, nous l'ajouterons sans hésiter, aux filles, aux femmes prostituées qui sachant leurs recrues ou se sachant elles-mêmes contagieuses ne craignent pas de pratiquer ou de souffrir un embauchage innommable et de semer à pleine volée la contamination syphilitique dans la foule des hommes sains.

Le cas est malheureusement indéniable et constitue l'espèce la plus commune de contamination, celui d'une contamination dont l'essence délictueuse est, quoi qu'on dise, difficile à nier.

Dans son livre *La Prostitution clandestine*, le D<sup>r</sup> Martineau, médecin de l'hôpital Lourcine, donne les détails suivants sur les agissements des proxénètes, agissements plus coupables encore que ceux des malheureuses malades qui, dans leur misère, se font les instruments de cette triste industrie.

L'honorable médecin de l'hôpital des vénériennes (Paris) après avoir fait défiler nombre de figures de femmes « tirées de la *galerie* de Lourcine, si riche en documents humains », montre les proxénètes à l'affût des malades sortant de leur plein gré ou provoquées à sortir des salles par les proxénètes mêmes.

Trois jours par semaine, autour de l'hôpital, on voit affluer ces misérables : « les samedis, les dimanches, les lundis — parce que le samedi comme le dimanche, comme le lundi, est un jour où elles sont certaines de trouver à *turbiner (sic)*, à *travailler* davantage.

» C'est ainsi pendant cette période de trois jours, samedi, dimanche, lundi, que se fait à Lourcine, par les soins des entremetteuses venant soit à la consultation, soit au parloir, le recrutement des prostituées.

» De vieilles proxénètes emmènent les jeunes femmes chez elles ou leur y donnent rendez-vous; quelquefois elles donnent des arrhes.

» Le samedi est généralement le grand jour de ce trafic varié. C'est celui que les entremetteuses choisissent pour venir chercher les *extras (sic)* du dimanche, jour de presse dans les maisons de tolérance; *elles prennent les femmes même malades* et les renvoient le lundi, de sorte que la Préfecture ne voit pas ces femmes. » (1)

Nous rappelons que le point le plus discuté, pour la création du délit pénal dit *conscient*, est l'état d'esprit du contaminateur, différent de l'état d'esprit du contaminateur *volontaire, intentionnel*. L'un, celui-ci, n'a de rapports sexuels que pour contagionner la partie adverse (le mot est à sa place); l'autre, le contaminateur simplement conscient de son état de maladie contagieuse, peut, d'après certains, être après tout considéré, présumons-le à son... honneur, comme désirant plutôt ne pas contaminer son ou sa partenaire; cependant, quoique se sachant malade,

______

(1) *La prostitution clandestine* (Recrutement dans les hôpitaux spéciaux de prostituées malades par les proxénètes et les tenancières de maisons de tolérance). (In-18, p. 74. Éditeur Delahaye. Paris, 1885.)

il a passé outre... « Au petit bonheur ! Tant pis pour cette, tant pis pour ce partenaire ! »

Selon la remarque très fine faite par M. Denis, conseiller à la Cour de cassation, dans la 33e séance (29 juin 1906) de la Commission extra-parlementaire du Régime des mœurs, la personne qui, « *se sachant malade* », accepte ou recherche une réunion inter-sexuelle n'opère pas « *une contamination involon-taire* ».

M. Yves Guyot, Mme Avril de Sainte-Croix, M. A. Fournier dans cette même séance, ont qualifié de « coquin, de criminel », l'individu qui, *sachant qu'il est malade contagieux, formellement prévenu* par son médecin, par une série de médecins, *se marie* malgré les conseils les plus pressants.

Pour répondre aux questions de ces trois collègues, M. le Pr A. Le Poittevin, qui du reste, comme nous l'avons dit, s'est prononcé catégoriquement dans le débat pour la création du délit pénal, a précisément présenté une analyse des plus intéressantes, une véri-table dissection (et telle qu'il l'eût faite *ex cathedrâ*), de la mentalité répréhensible du contaminateur « conscient ».

Quel est le degré délictueux de cette mentalité antisociale qu'il fallait cependant bien arriver à dé-terminer, la nouveauté même du délit en faisant un véritable devoir non pas seulement moral, mais juridique au législateur ? C'est ce dont a voulu traiter le très savant professeur de droit pénal de l'École de Paris.

Le lecteur se souviendra en lisant les lignes sui-vantes que le maître ne s'y donne pas comme critique : l'application des articles 309, 310 et 311 d'une part, des articles 319 et 320 C. p. d'autre part qu'il fait aux diverses catégories de contaminateurs, marque suffisamment son opinion personnelle.

« La thèse de la culpabilité du contaminateur averti antérieurement de la contagiosité de son mal, dit M. A. Le Poittevin, n'est pas précisément nouvelle ; transportée dans d'autres hypothèses, appliquée à d'autres espèces, elle a fait naître, tant en Allemagne qu'en France, nombre d'opinions contradictoires, parmi lesquelles on peut choisir.

» Il faut prendre tout d'abord, à ce propos, le cas classique de l'armateur qui frète un mauvais bateau... Ce bateau peut-il faire le voyage, le dernier voyage ? Il est fort possible que non... Il peut se faire que le navire arrive finalement à bon port ; mais, il a aussi de grandes chances, étant donné son état d'avarie, pour faire naufrage, pour disparaître en mer corps et biens. Tout un personnel de marins est à bord, qui peut périr... Certes l'armateur *ne veut pas la mort* de l'équipage : cependant *il la prévoit*. Que le naufrage se produise, que les hommes embarqués périssent en mer, faudra-t-il dire *que cette mort a été intentionnelle* ou qu'elle ne l'a pas été ?

» C'est ce qu'on appelle le *dol éventuel*.

» Dans la matière, il faut prévoir trois hypothèses :
» 1° Je tue *parce que je veux tuer.*
» L'intention très nette qualifie ce premier acte ; c'est le *dol volontaire.*
» 2° Je tue *par accident dû à ma faute.*
» Je n'ai pas prévu telle circonstance que je devais

prévoir : ce cas est celui de *l'imprudence*, de *l'imprudence répréhensible*.

» 3° Entre ces deux cas très précis, il y a place pour
une troisième catégorie (et c'est la question que nous
débattons) : le cas de l'armateur dont l'état d'esprit
est analogue à celui de la personne que l'on a appelée
ici le contaminateur conscient. C'est le cas du *dol
éventuel*.

» L'armateur *a prévu*.

» Sur le dol éventuel, les théories sont multiples.

» Les uns disent : *prévoir, c'est vouloir*;

» Les autres répondent : non; l'armateur *n'a pas
voulu la mort des matelots*; sans doute il a agi pour
que l'éventualité se produise, mais espérant que
l'événement ne se produirait pas! C'est là le cas de
*prévoyance fautive*.

» Ce n'est pas une faute par imprudence, par im-
prévoyance : c'est une *imprudence consciente*.

» Les trois mêmes cas se présentent en ce qui concerne le syphilitique contaminateur.

» A côté du contaminateur « volontaire » agissant
par esprit de vengeance, du contaminateur seulement
« imprévoyant » parce qu'il ignorait le danger qu'il
ferait courir à autrui, voici le troisième contaminateur *sachant qu'en accomplissant l'acte charnel*, il va
*vraisemblablement contaminer une autre personne*.
Nonobstant, le rapprochement a lieu. En ce cas le
syphilitique a-t-il voulu précisément communiquer son mal à autrui? Non. *Il a prévu* qu'il pouvait le communiquer mais qu'il ne le communique-
rait pas certainement... Il a peut-être fait un calcul
de probabilités... Quoi qu'il en soit, ce syphilitique

contagieux n'a pas voulu se priver du plaisir sexuel.
C'est le *dol éventuel*.

» Que décidera la Commission extra-parlementaire
sur le dol éventuel, demande M. Le Poittevin?

» Dans l'état actuel de la question, la jurisprudence
française incline généralement à confondre le dol
éventuel et l'imprudence, c'est-à-dire à trouver que
les théories allemandes ont adopté en matière de
responsabilité une solution trop rigoureuse. En France
on considérerait ainsi que le cas discuté est une
imprudence... »

(*Ici le maître est interrompu par nombre de médecins, faisant partie de la Commission, qui lui assurent
que tels syphilitiques de cette catégorie sont précisément porteurs d'accidents contagieux si caractérisés
que* CERTAINEMENT *leur partenaire sera contaminé.
Dûment prévenus par le ou les médecins, soit qu'ils
veulent se marier ou reprennent leur vie sexuelle libre,
ces syphilitiques n'ont pas commis le dol éventuel, mais
le* dol CERTAIN.)

« On me dit, reprend le professeur Le Poittevin,
qu'il y a quasi-certitude, certitude même : il faut
prendre garde à l'abus. Il y a deux points de vue
pour comprendre les choses, alors même qu'il s'agit
d'un degré de probabilité approchant de la certitude.

» Tout d'abord ce degré de grande probabilité n'est
véritablement incontestable que pour les — médecins.

» C'est la quasi-certitude *objective*.

» Si le danger est, comme on l'a dit, presque
absolu, 999 cas de chances de contagion pour
1.000; si, d'autre part, l'individu atteint de syphilis

à l'état contagieux a été prévenu par le médecin, on crée chez lui une quasi-certitude, mais une quasi-certitude *subjective*. Encore faut-il compter avec l'intelligence, la psychologie de cet agent transmetteur pour déterminer, à l'heure du jugement, si la prévision était chez lui à tel ou tel degré.

» Si le contaminateur ne « savait » qu'obscurément, la *quasi-certitude objective* des médecins ne peut prendre la place de la *quasi-certitude subjective* inexistante.

» Si, au contraire, par exemple dans les hypothèses soulevées comme souvent conformes à la réalité, un syphilitique contagieux, averti par le médecin, par M. Fournier, par M. Balzer, s'obstine à vouloir se marier; comme ici, du fait de la cohabitation, le danger est continuel, puisqu'il n'y aura certainement pas qu'un rapprochement, M. Le Poittevin n'est pas éloigné de dire que *prévision vaut certitude*.

» D'ailleurs en matière d'imprudence et en matière d'intention on se heurte à une foule de difficultés.

» Dans ce cas particulier l'un des collègues de M. Le Poittevin, M. l'avocat général Feuilloley, appliquerait l'article 309; un autre collègue, M. Saint-Aubin, directeur des affaires criminelles et des grâces au Ministère de la Justice, inclinerait plutôt vers les répressions de l'article 320. Ce serait, sauf examen des espèces, également le sentiment de M. Le Poittevin : *prévision* n'est pas *intention*.

» M. Le Poittevin conclut que la loi nouvelle, tout en donnant un point d'appui désormais solide à la jurisprudence française, l'invitera à faire dans ce cas de contamination comme dans tous les autres; elle

13.

renverra cette jurisprudence au droit commun. La jurisprudence appliquera les dispositions du Code pénal à toutes les variétés qui se présenteront, avec les distinctions qu'elles comportent. » (1)

Le projet de loi, tel que l'a présenté M. le P<sup>r</sup> Le Poittevin et tel que l'a adopté la Commission du Régime des mœurs, s'applique sans distinction d'âge à toutes catégories de personnes, aux termes mêmes du droit commun.

### 3° Délit pénal de contamination par imprudence.

Il nous suffit ici d'énumérer les espèces diverses dans lesquels le ou la syphilitique peuvent contaminer autrui et mériter l'indulgence, l'absolution ou l'excuse :

Cas du malade *très jeune* ignorant de l'existence de la maladie en général et de la *maladie spéciale en soi* (fréquent chez la jeune fille coureuse).

Cas du malade *inculte* (fréquent chez le jeune soldat campagnard).

Cas du malade *ignorant* de SA maladie (malade non encore examiné par le médecin).

Cas du malade *ignorant* de SA maladie (la maladie a été méconnue ou non aperçue par le médecin). Accidents secondaires non reconnus (cas fréquent à Saint-Lazare et au dispensaire de la Préfecture).

---

(1) V. *Appendice*, le projet de loi adopté sur la proposition de M. le P<sup>r</sup> Le Poittevin, rapporteur, par la Commission extra-parlementaire du Régime des mœurs et les articles du Code pénal visés en cas de contamination : 1° volontaire, 2° consciente, 3° imprudente (p. 235-239, 239-241).

Cas du malade *traité pour une autre maladie* (diagnostic franchement erroné du médecin).

Cas du malade *traité*, mais *non prévenu* clairement *des conséquences de sa maladie* par le médecin traitant ;

Cas du malade *se croyant guéri et sans nocivité*, *après traitement d'office et mise en liberté* (cas des emprisonnées de Saint-Lazare après blanchiment ou maquillage des accidents apparents).

Cas du malade *se croyant radicalement guéri après traitement* rationnellement suivi sous la direction d'un clinicien instruit. (Récidives lointaines).

La gradation des peines est évidemment, dans le système du délit pénal, en rapport avec le degré de la culpabilité.


Rappelons en terminant que, à la *Société générale des Prisons*, dans un débat des plus intéressants, M. Feuilloley, avocat général près la Cour de cassation, M. le Pr Saleilles, M. le Pr Garçon, Me Henri Robert ont pris en considération l'institution du délit pénal de contamination, déjà appliqué à plusieurs reprises en Norvège et en Bavière (1).

Enfin devant la *Commission extra-parlementaire* M. le Dr Balzer, le savant clinicien de Saint-Louis, a présenté un argument intéressant : il a déclaré, en puisant dans ses abondantes observations cliniques personnelles, avoir pu empêcher à diverses reprises le mariage de tels de ses clients syphilitiques (hommes), en se prévalant de leur ignorance juri-

----

(1) *Bulletin* de la Société ; Marchal et Billard, éditeurs, Paris ; numéros de décembre 1903 et mai 1904.

dique, en *supposant existante la loi pénale absente*
sur le délit de contamination, en citant même des
cas supposés de condamnation pour contamination
syphilitique! (29ᵉ séance).

Il y a là un trait de la psychologie du malade
spécial qu'il est utile au législateur de connaître.

Un philosophe contemporain, M. G. Séailles, dont
on connaît le noble esprit, ne répugne pas plus que
ses collègues de l'Université de Paris, MM. Le Poittevin, Saleilles et Garçon, à l'institution du délit pénal
en cas de contamination intersexuelle (1).

## 4° Annexe au délit pénal de contamination.



Nous avons déjà fait allusion à cette espèce en
rapportant les expériences cliniques faites en 1859
sur des adultes auxquels des médecins d'hôpital ont
inoculé le virus syphilitique dans un but d'ailleurs
exclusivement scientifique.

M. le Professeur Fournier dans son enseignement
clinique à l'hôpital Saint-Louis et M. le Sénateur
Bérenger dans une séance (la 28ᵉ) de *la Commission
extra-parlementaire du Régime des mœurs*, ont l'un
et l'autre soulevé l'hypothèse de la contamination
*acceptée* par une autre catégorie de victimes, celle où
des femmes soit sans ressources, soit séduites par un
gain élevé, se résoudraient à recevoir celles-là un

---

(1) V. *Appendice*, p. 242.

nourrisson malade, celles-ci un partenaire sexuel contagieux, *après avoir été prévenues* de la réalité, dans le premier cas par les parents de l'enfant. dans le second par le contaminateur en expectative même.

Assurément nous ne rapprocherons pas au fond ces deux variétés coupables de la première, — celle des inoculations expérimentales, mais les deux hypothèses faites isolément par le documenté professeur et l'honorable parlementaire, doivent, à notre sens, être au contraire groupées et étudiées l'une à côté de l'autre.

Qu'adviendrait-il devant les tribunaux de ce contrat criminellement égoïste et nocif de la part d'un des contractants, dénoncé après coup par la femme contaminée, par la nourrice ou la prostituée?

L'acceptation dans de telles conditions de l'amant de rencontre ou du nourrisson, interdirait-elle à la victime le droit de plainte? Interdirait-elle au tribunal la condamnation du contaminateur?

M. Fournier proteste en termes sévères dans son beau livre sur *la Prophylaxie de la syphilis* (Rueff, Paris 1903) contre cet odieux marché; il flétrit cet *achat de la santé d'une nourrice*, et l'importance qu'il donne à sa leçon clinique et à sa protestation montre que le cas s'est présenté plus d'une fois au cours de sa longue carrière (1).

---

(1) On trouvera dans les recueils juridiques des jugements punissant au civil des médecins et des parents qui confiaient à une nourrice *saine* un enfant *malade* et faisaient suivre à cette nourrice *contaminée* le *traitement antisyphilitique*, sans plus la prévenir du caractère spécifique de la maladie qu'ils lui avaient communiquée que de la nature des médicaments qu'ils lui faisaient absorber.

Pour donner plus de poids à sa parole de médecin, M. Fournier a demandé à un des maîtres du barreau une consultation juridique sur ce point : nous reproduisons cet important document.

Il résulte de la consultation de Mᵉ Julien Larnac, avocat à la Cour de cassation et au Conseil d'État, (nous la donnons *in extenso* ci-après) que la valeur légale d'un tel contrat serait absolument nulle.

» Les prescriptions du droit positif, dit M. J. Larnac, sont d'accord sur cette question avec les enseignements de la morale et les règles de la profession médicale.

» *En admettant même qu'on n'ait dissimulé à la nourrice, ni la maladie de l'enfant, ni la gravité de cette maladie, et qu'elle ait parfaitement compris les dangers auxquels elle s'exposait, le contrat dont il s'agit n'en serait pas moins entaché d'une nullité radicale et absolue.*

» Il résulte en effet des articles 6 et 1128 du Code civil, et il est enseigné par tous les commentateurs, que *les choses qui ne sont pas dans le commerce ne peuvent point faire l'objet d'une convention valable*, et qu'on doit considérer comme placées hors du commerce celles dont l'aliénation serait contraire à l'ordre public. (Demolombe, *Traité des contrats*, t. Iᵉʳ, nᵒ 316.)

» *Or, parmi les choses, il faut ranger en première ligne la personne humaine,* dont l'article 15 de la Déclaration mise en tête de la Constitution du 5 fructidor an III dit, précisément à l'occasion d'un contrat de louage de services, qu'elle « n'est pas une propriété aliénable »; *il faut y ranger également, avec la personne humaine, les éléments qui la constituent, la vie d'abord et ensuite la santé, qui est la condition de la vie.*

*» Il suit de là que la convention par laquelle un individu promettrait à un autre, soit gratuitement, soit moyennant un prix, le sacrifice de sa santé, ne lierait aucune des parties contractantes et serait aux yeux de la loi comme si elle n'était pas.*

» A plus forte raison en est-il ainsi de la convention qui interviendrait entre la nourrice et les parents d'un enfant syphilitique dans les conditions ci-dessus, et dont l'exécution mettrait en danger non seulement la santé et même selon les cas la vie de la nourrice, mais exposerait en outre à ces mêmes risques l'homme avec qui la nourrice aurait des rapports sexuels et les enfants qu'elle pourrait engendrer.

*» La Société tout entière est intéressée à arrêter la propagation du mal syphilitique ; dès lors toutes les conventions qui lèsent cet intérêt sont réprouvées par la loi comme contraires à l'ordre public.*

» Les principes que je viens de rappeler sont élémentaires, et je ne crois pas que la solution à laquelle ils conduisent puisse être sérieusement contestée. Les tribunaux n'ont jamais eu, à ma connaissance, à se prononcer sur la valeur légale du pacte entre la nourrice et les parents d'un enfant syphilitique, ou d'un pacte analogue, mais ils n'hésiteraient pas à le réprouver énergiquement et à en prononcer la nullité. »

L'éventualité sûrement observée (que n'ose l'égoïsme maternel?) par M. Fournier en matière d'allai-

tement mercenaire, transportée dans le cours quoti-
dien des épisodes de la prostitution citadine, n'est pas
plus dans ce cas que dans l'autre une entité, une
hypothèse rêvée en vue d'imaginer par analogie une
espèce plus curieuse que les autres : elle a été dûment
observée par un notable médecin de Paris, par le
regretté Dr Toussaint Barthélémy, disciple très
apprécié du Pr Fournier, ancien chef de clinique de
la Faculté de Paris, médecin de Saint-Lazare, dont
la situation scientifique, e caractère et l'expérience
clinique étaient justement appréciés.

Le Dr Barthélémy signalait à la seconde session de
la *Conférence de Bruxelles* l'épisode suivant, observé,
nous le répétons, directement par lui :

« J'ai souvent regretté, disait Barthélémy dans la
séance du 1er septembre 1902, de ne pouvoir, d'abord
parce que je n'ai aucun moyen légal de le faire,
ensuite par secret professionnel (lequel est, je crois,
un des devoirs les plus absolus du médecin) agir
contre les hommes qui ne reculaient pas devant la
*transmission consciente* de la syphilis :

» Vous en citerai-je quelques exemples puisés au
hasard d'observations, sinon journalières, du moins
fréquentes?

» J'ai souvenance d'*un homme qui, très contagieux,
prenait tous les soirs une femme nouvelle : il ne la
prenait ni par force, ni par surprise*, et se croyait
tout à fait irréprochable : *il avertissait* la femme
qu'il était malade; IL LUI PROPOSAIT DEUX CENTS FRANCS;
AUCUNE, EN UN MOIS, N'A REFUSÉ.

» *J'ai prévenu à plusieurs reprises cet homme de la
mauvaise action qu'il commettait; aucune considéra-*

*tion ne pouvait l'amener à modifier sa manière d'agir* ;
j'ai fini par le prier de ne plus reparaitre dans mon
cabinet, refusant de le soigner plus longtemps,
puisque c'était là ma seule ressource de protester
contre une aussi blâmable conduite » (1).

Un tel personnage ne devrait évidemment pas, en
dépit de l'acquiescement de la victime, rester pénale-
ment impuni : le dommage social que veut prévenir
et punir le délit pénal est patent, quels que soient les
arrangements pris dans l'instant par les deux partenaires, et la plainte de la victime doit rester recevable avec admission de circonstances atténuantes
ou... aggravantes, selon le point de vue social auquel
le juge et le lecteur se placeront pour apprécier le
cas.

---

(1) *Seconde conférence pour la prophylaxie de la syphilis et
des maladies vénériennes ;* t. II, p. 103. L'ensemble des comptes-
rendus (Rapports, procès-verbaux des séances et statistiques)
de la Conférence de Bruxelles (1re et 2e sessions) a paru en sept
volumes in-8° chez H. Lamertin, Bruxelles, 1900 et 1903.

# APPENDICE

## Rapport et projet de loi
## sur le délit pénal de contamination

par M. le Professeur A. Le Poittevin,
au nom du Comité de rédaction,
à la Commission extra-parlementaire du Régime des mœurs,
le 29 juin 1906.

**Messieurs**, la Commission extra-parlementaire a voté un article 318 C. P. ainsi conçu :

*« Quiconque aura communiqué à autrui une maladie vénérienne dont il se savait atteint, sera puni d'un emprisonnement d'un mois à cinq ans et d'une amende de 16 à 3.000 francs. »*

Elle a décidé de plus que le Comité de rédaction ajouterait à ce texte un paragraphe visant le délit de contamination par imprudence et édictant des peines légères.

L'article 318 aurait ainsi deux paragraphes, l'un déjà rédigé (sauf revision), l'autre à rédiger par le Comité de rédaction.

Après en avoir mûrement délibéré, le Comité estime que cette double rédaction serait inutile, et qu'elle présenterait même des inconvénients, en présence de l'état actuel de la jurisprudence.

Les articles 309 et suivants, 319 et 320 du Code pénal punissent les blessures et coups : blessures et coups volontaires (art. 309 et suivants), blessures et coups par imprudence (art. 320). Ces mêmes textes ont gradué la pénalité, non seulement en distinguant l'intention et l'imprudence, mais en proportionnant encore la répression, dans le cas de blessures volontaires, suivant la gravité du mal causé (notamment durée de la maladie) et suivant la culpabilité de l'auteur (question de préméditation).

Or, une jurisprudence certaine et récemment affirmée par la Cour suprême décide que l'article 320, en punissant les blessures et coups involontaires, entend ainsi prévoir par l'emploi du mot « blessures » non seulement les cas dans lesquels il y a *lésion externe*, mais aussi bien ceux dans lesquels le tort causé à autrui consiste en *lésions internes* ou en *maladies* (Cassation, 30 décembre 1905; Sirey, 1906, I, 108).

Les lésions et maladies vénériennes sont évidemment comprises dans cette interprétation, comme toutes les autres maladies.

Il résulte donc de là que le délit de contamination se trouve désormais, par suite de cette jurisprudence, implicitement mais nécessairement contenu dans le *droit commun* du Code pénal. Aussi bien, déjà précédemment, le tribunal correctionnel de la Seine, par un jugement du 27 juillet 1888 (Sirey, 1888, II, 244) avait appliqué l'article 320 du Code pénal dans une espèce où, par la faute des parents, une nourrice avait été atteinte d'une affection syphilitique.

On remarquera, d'autre part, que le *droit commun civil* (art. 1382) suffit complètement en ce qui concerne les demandes en dommages-intérêts pour communication de maladies vénériennes. Les décisions judiciaires en offrent maintenant de nombreux exemples; nous citerons seulement l'un des derniers arrêts, celui de la Cour d'appel de Rouen, du 25 novembre 1905, rendu dans un cas de communication de la syphilis par relations sexuelles. (Sirey, 1906, 2, 31.)

Le droit commun pénal et le droit commun civil fournissent donc les différentes catégories juridiques au moyen desquelles, — selon les circonstances d'intention, d'imprudence, de gravité, — les faits de contamination doivent conduire les tribunaux à prononcer la répression des culpabilités et la réparation pécuniaire des préjudices. Il est dès lors inutile de rédiger *un texte spécial* nouveau.

Ce texte spécial présenterait même des inconvénients. Précisément parce qu'il serait spécial, il serait en dehors du droit commun; et dès lors on prétendrait assez logiquement qu'il doit se suffire à lui-même et par lui seul; ce qu'il n'aurait pas prévu resterait impuni. Il faudrait donc prévoir, préciser des cas multiples — suivant, par exemple, qu'il s'agirait de communication de maladies vénériennes au cours de rapports sexuels ou en dehors de tout rapprochement de ce genre. Il faudrait surtout prévoir et différencier la malveillance criminelle, préméditée, — ce que ne font point les textes en projet : s'ils doivent viser les cas de *conscience de maladie* chez celui qui contamine autrui, et d'autres cas *d'imprudence* que la Commission n'a pas nettement formulés, ils ne contiennent rien au sujet des *contaminations volontaires et intentionnelles* réalisées, d'une manière ou d'une autre, avec préméditation, par esprit de vengeance, rien en un mot, au sujet de la maladie communiquée avec la volonté même de la communiquer.

Le droit commun fournit sur tous ces points des distinctions que l'évolution même de la jurisprudence, avec les principes que nous avons rappelés, développera au fur et à mesure dans leur application à notre question.

Si l'on veut toutefois affirmer cette évolution, et par conséquent prendre toutes garanties en vue de la répression de la contamination par le moyen du droit commun pénal, il suffit de donner en ce sens, par un texte de référence, un appui et une obligation expresse à la jurisprudence.

Sous le bénéfice d'observations plus détaillées à présenter, s'il y a lieu, à la Commission plénière, le Comité de rédaction propose donc simplement la rédaction suivante :

« *Les pénalités prévues par les articles 309, 310, 311, 319 et 320 du Code pénal, sont applicables, suivant les distinctions y contenues, à la communication des maladies vénériennes.*

A cette rédaction il convient d'ajouter une disposition dont nous avons des exemples dans d'autres
hypothèses, et en vertu de laquelle le droit de poursuite du ministère public sera subordonné, en principe, à une plainte de la victime.

*« Sauf le cas de contamination volontaire et à dessein
de nuire, la poursuite ne pourra être exercée que sur
la plainte des personnes intéressées, lesquelles pourront
toujours et jusqu'au jugement définitif en arrêter
l'effet. »*

## Texte des articles du Code pénal
## visés par la loi nouvelle.

### TITRE DEUXIÈME

#### CHAPITRE PREMIER.

### Crimes et délits contre les personnes.

*Section II.*

**Blessures et coups volontaires non qualifiés meurtres,
et autres crimes et délits volontaires.**

ART. 309 *(Loi du 13 mai 1863).* — Tout individu
qui, *volontairement,* aura fait des *blessures* ou porté
des coups, ou commis toute autre violence ou voie
de fait, s'il est résulté de ces sortes de violences une
*maladie* ou une incapacité de travail personnel pendant plus de vingt jours, sera puni d'un emprisonnement de deux à cinq ans et d'une amende de
seize francs à deux mille francs. Il pourra, en outre,

être privé des droits mentionnés en l'article 42 du présent code *(vote, éligibilité, juré, fonctions publiques, port d'armes, tuteur, curateur, expert, témoin dans les actes et en justice)* pendant cinq ans au moins et dix ans au plus, à compter du jour où il aura subi sa peine. Quand les violences ci-dessus exprimées auront été suivies de mutilation, amputation ou privation de l'usage d'un membre, cécité, perte d'un œil ou autres infirmités permanentes, le coupable sera puni de la peine de réclusion. Si les coups portés ou les blessures faites volontairement, mais sans intention de donner la mort, l'ont pourtant occasionnée, le coupable sera puni de la peine des travaux forcés à temps.

Art. 310 *(id.)*. — Lorsqu'il y aura eu *préméditation* ou guet-apens, la peine sera, si la mort s'en est suivie, celle des travaux forcés à perpétuité; si les violences ont été suivies de mutilation, amputation ou privation de l'usage d'un membre, cécité, perte d'un œil ou autres infirmités permanentes, la peine sera celle des travaux forcés à temps; dans le cas prévu par le premier paragraphe de l'article 309 la peine sera celle de la réclusion.

Art. 311 *(id.)*. — Lorsque les *blessures* ou les coups ou autres violences ou voies de fait, n'auront occasionné aucune maladie ou incapacité de travail personnel de l'espèce mentionnée en l'article 309, le coupable sera puni d'un emprisonnement de six jours à deux ans et d'une amende de seize francs à deux cents francs ou de l'une de ces deux peines seulement. S'il y a eu préméditation ou guet-apens l'emprisonnement sera de deux ans à cinq ans et l'amende de cinquante francs à cinq cents francs.

(Ces trois articles 309, 310, 311 du Code pénal s'appliquent dans la pensée du rapporteur du Comité de rédaction d'une façon absolue : 1° à la catégorie des contaminations volontaires, intentionnelles, 2° à la catégorie des contaminations conscientes.)

## Section III.

### Homicide, blessures et coups involontaires...

Art. 319 *(id.)*. — Quiconque, par maladresse, imprudence, inattention, négligence ou inobservation des règlements aura commis involontairement un homicide ou en aura involontairement été la cause, sera puni d'un emprisonnement de trois mois à deux ans et d'une amende de cinquante francs à six cents francs.

Art. 320 *(id.)*. — S'il n'est résulté du défaut d'adresse ou de précaution que des blessures ou coups, le coupable sera puni de six jours à deux mois d'emprisonnement et d'une amende de seize francs à cent francs ou de l'une de ces deux peines seulement.

(Ces deux articles 319 et 320 visent le dernier groupe, le moins fautif des trois, celui des contaminateurs simplement imprudents.)

# Opinion du Pʳ G. Séailles
## sur le délit pénal de contamination.

Le 3 mars 1902, M. le Pʳ G. Séailles, de l'Université de Paris, nous faisait l'honneur de nous écrire :

« Encore un grave problème que celui de la conduite à tenir envers les malheureux qui sont atteints ou même menacés de ces infirmités. Comment ne pas changer les mesures préventives en une véritable proscription?

» La question qui vous préoccupe est, en ce moment, plus ou moins à l'ordre du jour.

» J'ai accepté de faire partie de la Société fondée par le Dʳ Fournier, sous réserves que je ne m'associerais à aucune mesure policière ou vexatoire, convaincu par vous que ce n'était pas un remède, mais un mal assorti au mal. Or, j'ai vu, sauf erreur, qu'on avait agité la question de la responsabilité légale, et je crois que M. Bérenger, le sénateur, en a exprimé l'idée. Il me semble que les lois, les lois existantes doivent permettre d'atteindre le coupable de *ce véritable crime*.

« Et c'est, il me semble, la vraie réponse à votre question.

» Il ne s'agit pas tant ici d'un châtiment : la théorie de la peine-châtiment me paraît mauvaise ; il y a la défense de l'individu et en somme de la société. Il y a préjudice grave causé volontairement à autrui, et comme le préjudice se multiplie, se renouvelle contre un nombre indéfini d'individus, il y a vraiment menace pour la société.

» Donc vous me paraissez autorisé à conclure que la loi trouve ici son application : pour indemniser l'individu lésé et pour permettre à la société d'exercer son droit de défense. »

# Note sur la contamination
# des femmes mariées par leur mari.

Le mémoire présenté à l'Académie de Médecine par M. le P^r Fournier les 2 et 9 octobre 1906, n'est pas moins instructif que celui du 25 octobre 1887.

Ce mémoire étudie au point de vue statistique et clinique : 1° la date de la contamination de l'épouse par l'époux ; 2° les suites pathologiques de la contamination telles que les impose l'époux contaminateur à sa femme selon qu'il lui tait la nature du mal donné et la prive volontairement de traitement, selon qu'il la fait soigner un trop court laps de temps en lui taisant toujours la nature du mal, etc.

M. Fournier prend dans les dossiers si fournis de sa longue expérience médicale 312 cas de syphilis de femmes honnêtes mariées, c'est-à-dire 312 cas dans lesquels il a soigné des femmes authentiquement mariées et non moins authentiquement contaminées par leurs maris, lesquels se faisaient traiter, eux, par leur médecin personnel ou par le savant consultant.

Voici le détail de la statistique :

Épouses contaminées par leur mari, *syphilitique* AVANT le mariage, 218 ; épouses contaminées par un mari DEVENU *syphilitique* APRÈS le mariage, 94 ; soit au total, 312.

Ce qui, ramené au pourcentage, donne les chiffres suivants dont la forme est plus saisissante encore :

Sur 100 épouses contaminées par le mari, 70 l'ont été par un fiancé de la veille, qui se mariait en état de maladie à la période contagieuse et ne l'ignorait pas; 30 ont été contaminées par un mari devenu syphilitique au cours de la vie conjugale soit dans une litéinfidé de passage, soit dans une liaison galante suspecte, etc. Il ne s'agit naturellement pas dans cette statistique d'époux contagionnés par accident professionnel, cas de syphilis industrielle ou autre de même provenance honnête, mais de syphilis d'origine adultère, génitale.

Comme le remarque fort bien M. Fournier la proportionnalité des syphilis transmises par l'époux à l'épouse indique que la fiancée, la toute jeune femme est menacée de syphilis par le fiancé contagieux, dans une mesure (les deux tiers) bien plus grande que l'épouse déjà installée depuis longtemps au foyer conjugal.

Il est, pour le médecin consulté, assez difficile d'établir, à quelques semaines et mois près *l'échéance exacte* de la contamination de l'épouse, dans la première année de la vie commune, les accidents secondaires ne variant pas toujours suffisamment d'aspect dans les diverses périodes qui suivent la contagion initiale. Cependant M. Fournier a pu dans 154 cas déterminer la précocité de cette échéance qui montre la valeur morale des hommes coupables de cette contamination. Sur ces 154 femmes victimes, 117 avaient été contaminées par le mari syphilitique dans les six premiers mois du mariage, dont 36 dans les deux premiers mois et 20 dans le troisième mois; 13 avaient été contagionnées dans le second semestre de cette même première année de vie intime. Les 24 autres contaminations s'échelonnent entre la seconde et la neuvième année de mariage : ces dernières sont considérées comme *contaminations tardives* et ne peuvent être incriminées tout au moins à partir de la quatrième année de syphilisation du mari (quand il est avéré que cette syphilisation n'est pas plus récente) avec autant de rigueur contre lui.

Mais que dire des personnages inscrits aux dossiers de M. Fournier? Que dire de ces fiancés qui se marient, sachant pertinemment que leur syphilis datant de moins de trois ans est encore presque inévitablement dangereuse? Sur les 142 cas que M. Fournier a pu relever, 98 sont dans cette posture morale! Que dire enfin de ces individus qui se marient en période primaire même, avec l'ulcère initial béant au lieu d'élection? De ceux qui se marient efflorescents d'accidents secondaires postés à tous les seuils dangereux, labial, lingual, guttural, etc.

Le malheur de la contamination contagieuse survenu et expliqué sinon justifié par toutes les allégations du mari contaminateur, quel serait ici le devoir, le simple devoir d'un honnête homme?

Le lecteur a de suite répondu : « Faire soigner la malheureuse dont on a ainsi gravement compromis la santé. »

14.

Malheureusement cette décision d'honorabilité vulgaire n'est même pas le parti que le médecin voit prendre d'emblée au mari coupable, et comme le médecin est lié lui-même par l'article 378 C. P. qui lui impose le secret professionnel, l'épouse malade reste systématiquement sans soins!

M. Fournier a reçu, quand la maladie était invétérée et que la victime était enfin instruite de l'origine et de la nature de son mal par des ravages épouvantables jusqu'à la hideur du mal lui-même, des confidences bien douloureuses de femmes mariées. Celles-ci ont la figure labourée jusqu'au squelette de syphilides-ulcéreuses, le nez détruit; le mari avait joué les étonnements, tout nié et poussé le médecin de la famille au diagnostic et au traitement du lupus! Les autres, couvertes de pustules ulcérées précoces dans les toutes premières semaines de la vie conjugale avaient été chapitrées par le mari *assisté de sa mère* : tous deux avaient affirmé : « Ce n'est rien! Toutes les jeunes filles qui deviennent femmes ont la même chose!... C'est le changement de vie *(sic)*... Surtout il ne faut en parler à personne! » Ces autres ont avorté trois, cinq, sept fois! mis au jour des enfants syphilitiques mourant en bas-âge ou survivant avec des nécroses, de la surdité, de la cécité, les tares les plus humiliantes pour la mère, les plus annihilantes pour les malheureux êtres ; malgré cette série de drames domestiques, le mari resté impassible et bouche close, n'avait jamais fait traiter ces doubles victimes, pour la syphilis dont il avait gratifié l'une, doté les autres !

M. Fournier résume cette situation par ce premier aphorisme :

« Toute femme contaminée par son mari encourt les risques des syphilis ignorées. »

En mettant les choses non au pire, bien que les exemples en abondent, si le mari se décide à faire traiter l'épouse qu'il a contaminée, il le fait dans des conditions et avec des réticences ou des abréviations telles que cette femme n'est même pas soignée comme la plus misérable des prostituées publiques.

M. Fournier résume cette autre situation dans ce second aphorisme :

« Toute femme contaminée de syphilis par son mari est condamnée, *sauf exceptions rares*, à n'être qu'insuffisamment traitée et reste par cela même exposée aux dangers usuels des syphilis mal traitées. »

Les déplorables motifs de l'insuffisance du traitement quand il est concédé sont plausibles. L'unique objectif pour le mari coupable est de *blanchir* la malade, — pour reprendre l'expression même que M. Fournier a appliquée au traitement ridiculement bref et inefficace de la Police des mœurs aux filles internées à Saint-Lazare — c'est-à-dire de faire disparaître les *accidents apparents* ; et comme tout traitement sérieux, c'est-à-dire prolongé de la maladie donnerait l'éveil à la patiente, l'instruirait de son malheur, la préoccupation fixe de ce mari est de tout abréger et de réaliser une netteté provisoire trompeuse sans songer à assurer la santé pour l'avenir. Les exostoses, les fontes gommeuses, les perforations palatines, les ozènes, les nécroses nasales, les syphilides tuberculo-ulcéreuses, les accidents cérébro-spinaux sont l'aboutissement trop fréquent de cette odieuse conduite où s'étale un égoïsme sciemment poussé jusqu'à une double criminalité. On renonce même à qualifier ce personnage quand on songe que, lui, continue à se faire traiter !

M. Fournier regrette que la complicité du médecin, complicité du silence (imposée par le Code), *complicité du mensonge (sic)* (imposée par une sorte de pacte avec le mari), force le praticien à laisser la femme dans l'ignorance absolue de sa maladie. Mais l'on peut espérer que l'institution du délit pénal et l'extension du délit civil de contamination accouplés, que l'enseignement de l'histoire naturelle et morbide de la « fonction » donné aux jeunes gens des deux sexes, tout en éclairant et retenant les hommes, armeront mieux les femmes pour leur défense personnelle et leur permettront d'aider la loi à remettre l'ordre véritable, l'ordre de moralité et de santé, au foyer conjugal et dans la société.

# Projet de loi pénale
## contre la contamination syphilitique

*présenté par M. Lucien Le Foyer, avocat à la Cour
d'appel de Paris.*

### Contamination « volontaire ».

M. Le Foyer la frappe des peines édictées au paragraphe 4 de l'art. 317 C. p., ainsi conçu :

« Celui qui aura occasionné à autrui une maladie ou incapacité de travail personnel, en lui administrant *volontairement, de quelque manière que ce soit,* des substances qui, sans être de nature à donner la mort, sont nuisibles à la santé, sera puni d'un emprisonnement d'un mois à cinq ans et d'une amende de 16 francs à 500 francs. »

### Contamination « consciente » et « inconsciente ».

M. Le Foyer les frappe d'un article pénal nouveau qui devient le paragraphe 2 de l'art. 320 C. p., ainsi conçu :

« En cas de contamination syphilitique involontaire, le contaminant, s'il se savait susceptible de transmettre la maladie, sera puni d'un emprisonnement d'un mois à un an et d'une amende de 16 à 500 francs, et, s'il ignorait sa maladie ou ne se croyait pas susceptible de la transmettre, d'un emprisonnement de six jours à un mois et d'une amende de 16 à 100 francs, ou de l'une de ces deux peines seulement. »

### Circonstances atténuantes. — Récidive.

M. Le Foyer rappelle l'admission visée à l'art. 463 C. p. et la loi de sursis (loi Bérenger) du 26 mars 1891 ; il rappelle également l'aggravation des peines en cas de récidive (art. 57 et 58 C. p.).

### Dénonciation calomnieuse. — Chantage.

M. Le Foyer lui applique l'art. 373 C. p., ainsi conçu :

« Quiconque aura fait, par écrit, une dénonciation calomnieuse contre un ou plusieurs individus, aux officiers de justice ou de police administrative ou judiciaire, sera puni d'un emprisonnement d'un mois à un an et d'une amende de 100 francs à 3.000 francs. »

### Scandale. — Publicité.

M. Le Foyer y obvie en inscrivant dans l'art. 190 du Code d'instruction criminelle ainsi conçu : « L'instruction sera publique à peine de nullité » — un paragraphe 2 nouveau ainsi libellé :

« Toutefois, dans les affaires concernant le délit de contamination syphilitique, les tribunaux pourront ordonner le huis-clos. La reproduction, par la presse, des débats auxquels elles auront donné lieu est interdite sous peine de l'amende de 1.000 à 2.000 francs édictée par l'art. 39 de la loi du 30 juillet 1881. »

# Principales objections
## élevées au Congrès de Lyon
## contre le délit pénal
## de contamination syphilitique
## et « Réponses ».

### Objections d'ordre médico-juridique.

Difficultés de faire la preuve dans l'espèce qui sera la plus fréquente — dans le cas de contamination prise par l'un ou l'autre partenaire à l'état de prostitution vulgivague.

1° La prostituée ne pourra soupçonner le véritable auteur de sa maladie ; l'homme de son côté a pu voir plusieurs prostituées.

*Réponse.* — Dans les foules prostitutionnelles, tant masculines que féminines, visées ici, les individus auteurs de contamination ne sont pas si difficiles que l'on croit à retrouver ; une étude plus rapprochée des choses et de leur réalité vécue montre au contraire que les groupements des deux sexes qui se recherchent ne sont pas si changeants. Dans les bals publics, les cafés-concerts et autres lieux publics plus particulièrement fréquentés par ces groupements, quel que soit leur niveau, plus ou moins populaire ou élégant, il n'est pas rare de rencontrer toujours les mêmes individus, circulant, allant de l'un à l'autre terrain d'exhibition et de chasse.

L'objection qui n'est pas d'une valeur absolue pour Paris et les grandes villes, tombe tout à fait quand il s'agit de villes moyennes et petites où les individualités des deux sexes de vie libre ou prostitutionnelle se connaissent fort bien.

2° L'expert médico-légal pourra-t-il baser son rapport sur une observation scientifique suffisante de la chronologie parallèle et comparée des manifestations morbides chez les deux partenaires?

*Réponse.* — Pour les D<sup>rs</sup> J. Lépine (de Lyon), Reboul (de Nîmes), interrogés à la Conférence abolitioniste de Lyon; pour le D<sup>r</sup> Balzer, médecin de l'Hôpital Saint-Louis, interrogé à la Commission extra-parlementaire du Régime des mœurs, ce synchronisme morbide ne présente aucune difficulté clinique. La question est d'une solution courante dans les procès de contamination soulevés par les nourrices où l'examen médical porte à la fois sur l'état du nourrisson, de la nourrice d'une part et des parents d'autre part, et souvent même sur l'état du mari et de l'enfant ou des enfants de la nourrice.

3° Une syphilis innocente, professionnelle (des verriers par exemple), peut être confondue avec une syphilis attribuée à la débauche; conséquences diverses fâcheuses de cette confusion pour la victime.

*Réponse.* — La réponse à l'objection se trouve donnée dans les diverses catégories de procès intentés par cette catégorie de personnes (V. III<sup>e</sup> partie, p. 185, 201).

### OBJECTIONS D'ORDRE MORAL.

Le chantage :

1° Exemples tirés des dénonciations erronées fréquentes dans l'armée.

*Réponse.* — V. l'article 3 du projet présenté punissant

la dénonciation calomnieuse des mêmes peines que la contamination volontaire (III⁰ partie de l'ouv., p. 134).

2⁰ L'abolition du secret médical (art. 378 C. p.) — Pour convaincre le contaminateur de *délit conscient*, il faut prouver qu'il a été prévenu par un médecin, le médecin traitant; celui-ci est lié par l'article 378 C. P. qui lui prescrit le mutisme.

*Réponse.* — L'objection vise la catégorie des contaminateurs *conscients* que leur protestation d'ignorance transformerait toujours devant le juge en contaminateurs *involontaires.*

1⁰ En l'état actuel de la déontologie médicale et de la législation (art. 378 C. p.), il paraît en effet difficile d'obtenir l'intervention utile du médecin traitant qui deviendrait ainsi le *premier témoin à charge* de son client.

En présence des discussions hostiles dont il est l'objet, en présence de la loi du 15 février 1902 sur la protection de la santé publique, enfin de l'article 30 du Code d'instruction criminelle lui-même parfois invoqué (1), le secret médical en France tend à devenir de plus en plus inviolable : les étudiants en médecine, les infirmiers, les employés de mairie, des bureaux de statistique de l'Assistance publique et du Ministère de l'Intérieur, sont aujourd'hui avertis que le secret médical existe aussi pour eux, et il est de vérité dogmatique qu'un médecin, consulté par un syphilitique floride, n'a aucun moyen légal d'empêcher le mariage de ce client criminel avec une jeune fille honnête et saine. L'intérêt social du secret médical est

---

(1) Art. 30 C. instr. crim. — « Toute personne qui aura été témoin d'un attentat, soit contre la sûreté publique, soit *contre la vie* ou la propriété *d'un individu*, sera pareillement tenue d'en donner avis au Procureur du roi, soit du lieu du crime ou du délit, soit du lieu où le prévenu pourra être trouvé. »

que son abolition *éloignerait plus de malades* des soins de
la médecine *qu'il ne sauverait d'innocents* de la contagion
syphilitique conjugale et même de la cohabitation avec
des tuberculeux, des épileptiques, etc.

Le juge pénal ne nous paraît cependant pas plus désar-
mé pour défendre l'intérêt de la société que ne l'est le juge
civil pour défendre actuellement l'intérêt des particuliers.

En présence d'un prévenu syphilitique avéré, *convaincu*
d'avoir eu des relations avec le plaignant, *niant seulement*
la connaissance essentielle de la maladie communiquée
par lui, le juge, pour refuser de se contenter de cette
négation particulière, considérerait l'âge, la condition
sociale, le milieu, la culture personnelle, les études, la
profession, l'ouverture d'esprit, les relations habituelles,
les antécédents du contaminateur, et l'ensemble de ces
circonstances lui permettrait dans beaucoup de cas de
se faire une opinion conforme à la vérité sur la culpabilité exacte du contaminateur. Nous croyons même que
l'examen de ces diverses circonstances priverait du bénéfice de l'ignorance de nombreuses catégories de coupables :
les étudiants en médecine et d'ailleurs tous les étudiants
et jeunes gens appartenant aux Écoles supérieures, univer-
sitaires et spéciales notamment et en général tous les jeunes
hommes issus des classes réputées éclairées. Les *ignorants*
se trouveraient donc réduits à tels campagnards et à certaines couches des ouvriers manuels des villes, parmi
lesquels il y aurait encore de faciles distinctions à faire
en appliquant précisément la méthode d'examen indiquée
ci-dessus qui ne laisserait filtrer que les ignorances vraies
ou vraisemblables. Le passage au régiment, le service aux
colonies, les voyages, le séjour dans les hôpitaux, la fréquen-
tation de telle clinique, le genre habituel de vie sexuelle
(concubinat, débauche prostitutionnelle, état conjugal),
l'existence d'ordonnances médicales personnelles, etc.,
fourniraient au juge pénal des indices de bonne valeur.

2° L'objection tombe en cas de récidive.

Le fait d'une instruction suivie de non-lieu (entraînant *ipso facto* débat sur la maladie), le fait d'un acquittement même (le prévenu n'a pas contaminé le plaignant personnellement, mais il est reconnu malade) ne créent sans doute pas l'état de récidiviste pour le syphilitique bénéficiaire, mais l'ont assez instruit pour qu'il ne puisse arguer de son ignorance en cas de nouvelle plainte.

En tout cas, le fait d'une condamnation *pour contamination involontaire par simple imprudence*, interdit au syphilitique — de nouveau accusé — d'invoquer, de plaider désormais l'ignorance : de la troisième catégorie, il passe dans la seconde et ne figurera plus jamais, *ne varietur*, *qu'un syphilitique conscient*. Le rédiciviste devient alors un contaminateur systématique, nous allions écrire... *volontaire*; nous allions le faire passer dans la première catégorie, celle des contaminateurs les plus coupables et les plus punis. Or, on le sait, le syphilitique, n'ayant plus rien à redouter pour lui-même, est facilement récidiviste dans le plaisir sexuel ou la débauche.

Toute la série de ces épisodes judiciaires nous paraissent destinés d'ailleurs à avoir un retentissement excellent pour l'instruction de tous, pour l'intérêt social, pour le véritable ordre sexuel, en figurant un véritable enseignement public.

### OBJECTIONS D'ORDRE JURIDICO-SOCIAL.

1° Le délit pénal « ressuscite la Police des mœurs » : il ne sera jamais appliqué qu'aux « seules » femmes; il rétablit l'arbitraire.

*Réponse*. — L'objection nie purement et simplement le caractère de droit commun qu'emporte *ipso facto* toute loi.

L'objection procède d'ailleurs d'une étude incomplète de la loi : le ministère public étant saisi de la plainte de la victime et l'instruction concluant aux poursuites, on ne voit pas comment le tribunal, si la culpabilité est prouvée, acquittera le coupable parce qu'il sera un homme.

L'objection est subversive de tout ordre juridique dans un pays civilisé.

En l'état de la jurisprudence, il suffit de répondre par l'exemple des condamnations civiles d'hommes contaminateurs (mari, amant).

2° Le délit pénal, même appliqué aussi aux hommes, restera une loi arbitraire parce qu'on ne l'appliquera jamais qu'à une catégorie d'hommes (les souteneurs, les vagabonds).

*Réponse.* — Voir immédiatement ci-dessus.

3° Le délit pénal restera une loi mort-née à moins de déférer au Parquet l'initiative de l'action judiciaire. Les victimes auront honte de porter plainte et l'extrême rareté des procès rendra le système tout entier presque illusoire, c'est-à-dire inutile.

*Réponse.* — Il n'y a là qu'une vue particulière démentie par la fréquence des procès de nourrices contaminées, et, l'on pourrait ajouter, la fréquence relative des procès en divorce basés sur la contamination intersexuelle de l'épouse par le mari.

Les mœurs ont en réalité devancé et provoqué la jurisprudence nouvelle en la matière, et il n'est pas difficile de conjecturer que la future loi affermira encore dans le public des deux sexes cette mentalité de défense individuelle et sociale.

Si l'auteur se permettait de hasarder, en opposition avec l'objection, un sentiment personnel, il dirait que ce n'est pas la rareté des procès *sui generis* qu'il faut prévoir mais bien plus probablement, au début tout au moins, leur fréquence.

# Bibliographie du délit pénal
## de contamination.

Outre les deux ouvrages de MM. Lucien Le Foyer et Édouard Dolléans, voir :

*Débats* au Congrès de la Fédération pour l'abolition de la Police des mœurs, tenu à Lyon en mai 1901. (*Bulletin continental*, Genève, 1901.)

*Débats* du Comité central de la Ligue des droits de l'homme. (*Bull. de la Ligue*, déc. 1901, janv. 1902.)

*Rapports* préliminaires à la *Seconde session de la Conférence internationale de Bruxelles* pour la prophylaxie sanitaire et morale, sur la question de prophylaxie publique : « *Y a-t-il* lieu d'appliquer les principes de la responsabilité civile et pénale à *la transmission des maladies vénériennes?* »

*Rapports* de MM. Pasquale di Fratta, avocat-référendaire au Conseil d'État du royaume d'Italie; L. Fiaux, Rethan-Macaré, avocat général près la Haute-Cour des Pays-Bas; miss Blanche Leppington (de Cubbington, Angleterre); René Bérenger, sénateur; Joseph Edmondson (de Halifax, Angleterre) ; Lucien Le Foyer, avocat à la Cour d'appel de Paris, et débats (t. Ier, Édit. Lamertin, Bruxelles, 1903).

Voir aussi tome II *(id.)* Compte rendu des séances, p. 329-396 : discours de MM. Bonnevie, de Morgenstierne, Pottopidan, Lucien Le Foyer, L. Fiaux, Van Meenen, Balzer, Grégory Jadassohn, Santoliquido,

Tommasoli, Drysdale, Sicard de Plauzolles, André Bel, Rethan-Macaré, Westerberg, miss Leppington, M^me Wilson.

*Débats* de la Société française de prophylaxie sanitaire et morale avec *rapport* de M. Bérenger : observations de MM. Mercier, conseiller à la Cour d'appel, sénateur Bérenger, Lucien Le Foyer, L. Fiaux, A. Paisant, Honnorat, Henri Hayem, Eudlitz, Paul Petit, Boureau, Daniel, Barthelemy, P^r A. Fournier, Balzer, Yves Guyot, Guillon, P. Berthod, Butte, Bar, Jullien, Schmoll, Le Pileur (*Bulletin* de la Société, numéros des 10 juin, 10 décembre 1902 ; 10 janvier, 10 février, 10 mars 1903, Paris, Rueff et Delagrave. édit.).

*Congrès de Francfort.* — Rapports et débats sur le délit pénal de contamination (rapport du P^r F. von Liszt (de Berlin), *Bulletin Continental*, mars 1904 et numéros suiv.).

*Société des Prisons.* — Débats sur le délit pénal insérés au *Bulletin de la Société*, numéros de mars 1904 : MM. H. Robert, Feuilloley, Bérenger, P^r Garçon et P^r Saleilles de la Faculté de droit de Paris.

*Conseil municipal de Paris.* — Proposition de M. Marsoulan pour la création du délit pénal de contamination (adoptée le 18 mars 1904).

*Conseil municipal de Paris.* — *Rapport général* de M. H. Turot, sur la prostitution et la Police des mœurs (n° 3, 12 février 1904. V. p. 59 et 89), réimprimé en librairie sous le titre « *le Prolétariat de l'amour* ».

# TABLE DES MATIÈRES


Pages

AVERTISSEMENT

Le délit civil de contamination. — Historique de la théorie du délit pénal de contamination intersexuelle. —
Thèse du risque dans les relations intersexuelles. . . .   1

## PREMIÈRE PARTIE

### Le délit pénal; ses motifs généraux.

Motifs qui militent, après la suppression de la Police des
mœurs, en faveur du principe de responsabilité commun
aux deux sexes; assainissement de la race. — Protection de la jeunesse contre la débauche morbide. . . .   39
Application des principes généraux du droit pénal en
matière de lésions intersexuelles volontaires, conscientes, involontaires . . . . . . . . . . . . . . . . .   50
Devoirs du malade : « Il faut éteindre la syphilis en soi »
Responsabilité initiale et culpabilité plus lourde de
l'homme que de la femme. . . . . . . . . . . . . . . .   60
Responsabilité du passant syphilisateur de prostituées
et du mari syphilisateur de sa propre femme. . . . .   67

OBJECTIONS ET RÉPONSES. — Violation de la liberté individuelle par le délit pénal. — « La liberté de faire ce
qu'on veut de son corps n'est pas la liberté d'attenter au
corps des autres ». — Des poursuites. — Du chantage et
des inconvénients du débat public devant les tribunaux : réfutation. — Conclusions. . . . . . . . . . . .   74

## DEUXIÈME PARTIE

### Le délit pénal; ses motifs biologiques.

Des personnes particulièrement protégées par l'institution
du délit pénal : les mineurs. . . . . . . . . . . . . .   91
I. — Inscription des filles mineures; ses rapports avec
l'âge et la contamination. . . . . . . . . . . . . . .
Inscription et maladies spéciales des mineures : Paris,
Édimbourg, Bordeaux, Marseille, Saint-Péterbourg.   93-108
II. — Syphilis des jeunes gens et des jeunes filles et
femmes de 14 ans à 71 ans. . . . . . . . . . . . . . .   109

260      LE DÉLIT PÉNAL

Pages

III. — Vie intersexuelle prématurée des jeunes filles. —
Statistiques des détournements. — Métiers des jeunes
filles et de leurs séducteurs . . . . . . . . . . . . . . 120

Nécessité d'une organisation de droit commun pour protéger la santé publique. — Le problème et l'éducation
sexuelle des adolescents. — Réorganisation de l'Assistance publique en matière de secours aux maladies
sexuelles. . . . . . . . . . . . . . . . . . . . . . . 130

Projet de loi tendant à réprimer le délit de contamination des mineurs des deux sexes présenté par l'auteur
au Congrès de la *Fédération internationale pour l'abolition de la Police des mœurs* à Lyon, en mai 1901 . . . 133


## TROISIÈME PARTIE

### Éléments constitutifs des délits civil et pénal de contamination. — Espèces délictueuses.

Coup d'œil sur l'histoire médicale de la syphilis du XV\u1d49
au XX\u1d49 siècle. — Les erreurs de Ricord. — Syphilis
d'origine extra-sexuelle. . . . . . . . . . . . . . . . 141


### I

#### ÉLÉMENTS CONSTITUTIFS DU DÉLIT CIVIL DE CONTAMINATION.

Espèces délictueuses. — Jurisprudence actuelle. . . . . 146
I. — Protection des nourrices et des nourrissons . . . . 152
    1° Protection des nourrices . . . . . . . . . . . . . . 152
    2° Protection des nourrissons . . . . . . . . . . . . . 166
II. — Protection de la femme dans le mariage et hors le
mariage . . . . . . . . . . . . . . . . . . . . . . . 170
    1° — de la femme dans le mariage. . . . . . . . . . 171
    2° — de la femme hors le mariage . . . . . . . . . . 180
III. — Protection des ouvriers contaminés dans leur travail
d'atelier. — La syphilis industrielle . . . . . . . . . 185


### II

#### ÉLÉMENTS CONSTITUTIFS DU DÉLIT PÉNAL DE CONTAMINATION.

Espèces délictueuses . . . . . . . . . . . . . . . . . . 203
    1° Délit de contamination volontaire ou intentionnelle.
— Vengeance. — Perfidie. — Exemples historiques.
Rixe. — Inoculations expérimentales. — Espoir de
guérison personnelle. . . . . . . . . . . . . . . . . 204

Pages

2° Délit de contamination consciente ou volontairement
imprudente. — Réponse aux partisans de la thèse du
besoin sexuel satisfait « quand même ». — Prostituées
malades et proxénètes. — Un recrutement doublement
coupable. — Analyse de la mentalité du contaminateur conscient par le Pr A. Le Poittevin . . . . . . . 216
3° Délit pénal de contamination par imprudence simple, 226
4° Annexe au délit pénal de contamination. — Une
espèce délictueuse particulière : cas de contamination
acceptée par la victime : 1° nourrice mercenaire,
2° prostituée . . . . . . . . . . . . . . . . . . . . 228


APPENDICE

Rapport et projet de loi du Pr A. Le Poittevin sur le délit
pénal de contamination . . . . . . . . . . . . . . . . 235
Textes des articles du Code pénal visés par la loi nouvelle. 239
Opinion du Pr G. Séailles sur le délit pénal de contamination. . . . . . . . . . . . . . . . . . . . . . . . . 242
Note sur la contamination (par le mari) des femmes
mariées . . . . . . . . . . . . . . . . . . . . . . . . 243
Projet de loi pénale pour la répression de la contamination
présenté par M. Lucien Le Foyer, avocat. . . . . . . . 249
PRINCIPALES OBJECTIONS élevées au Congrès de la *Fédéra-
tion abolitioniste* à Lyon (mai 1901) contre le délit pénal
de contamination. . . . . . . . . . . . . . . . . . . . 251
Bibliographie du délit pénal. . . . . . . . . . . . . . . 257
Table des matières . . . . . . . . . . . . . . . . . . . 259

# Ouvrages de L. FIAUX
## sur la Police des mœurs

**1883.** — Rapport présenté au Conseil municipal de Paris sur **l'Abolition de la Réglementation de la prostitution et la Réforme du régime de l'Assistance publique** concernant les maladies spécifiques, au nom de la Commission spéciale de la Police des mœurs. (Grand in-8° de 150 pages, Imprimerie municipale.)

**1887.** — **La Compétence sociale des médecins à propos de la Réglementation.** (*Revue de morale progressive.* Paris-Bruxelles-Genève, juin 1887.)

**1888.** — **La Police des mœurs en France et dans les principales villes d'Europe.** (In-8° de 1.000 pages, chez DENTU-FAYARD, 78, boulevard Saint-Michel.)

**1888.** — **La Question de la prostitution réglementée et clandestine devant l'Académie de médecine.** (*Revue socialiste*, n° 41, 15 mai 1888, Paris.)

**1890.** — **Notes statistiques sur la rareté des maladies vénériennes observées dans la population ouvrière de Paris, de 1888 à 1893.** (*Gazette des Hôpitaux*, Paris, 1888-1891-1893.)

**1892.** — **Mémoire sur la prétendue stérilité involontaire des femmes ayant exercé la prostitution.** (*Tribune médicale* du D$^r$ L.-V. Laborde, 1892, et brochure de 16 pages, chez CARRÉ, Paris.)

**1892.** — **Les Maisons tolérées, leur fermeture.** (In-18 de 410 pages, 1$^{er}$ et 2$^e$ tirages, chez CARRÉ et NAUD, Paris.)

**1896.** — *Même ouvrage*, revu et augmenté, (3$^e$ tirage, 4$^e$ mille,) chez Victor MASSON, éditeur, Paris, 120, boulevard Sain - Germain.

# Ouvrages de L. FIAUX
## sur la Police des mœurs
*(Suite et fin)*

---

**1898.** — Nouvelles notes statistiques sur la rareté des maladies vénériennes observées dans la population ouvrière de Paris de 1893 à 1898. (*Gazette des Hôpitaux* et *Note statistique* à la Conférence de la Fédération abolitioniste à Londres, supplément du *Relèvement social*, octobre 1898.)

**1899.** — Rapport présenté à la première session de la Conférence internationale de Bruxelles (pour la prophylaxie morale et sanitaire) sur l'**Exposition du système d'abolition de la Police des mœurs.** (In-8° de 100 pages avec statistiques, chez H. LAMERTIN, Bruxelles.)

**1901.** — **Rapport** présenté le 30 mai 1901 au Congrès de la Fédération pour l'abolition de la Police des mœurs, sur **un projet de loi tendant à réprimer le délit de contamination des mineurs des deux sexes.** (Procès-verbaux du Congrès, *Bulletin continental*, Genève 1901.)

**1902.** — **Rapport** présenté à la seconde session de la Conférence internationale de Bruxelles, sur **un projet de loi tendant à réprimer le délit de contamination des mineurs des deux sexes.** (In-8° de 100 pages avec statistiques, chez H. LAMERTIN, Bruxelles.)

**1902.** — **La Prostitution cloîtrée.** (Étude de biologie sociale, in-18 de 300 pages avec statistiques, chez Félix ALCAN, Paris; H. LAMERTIN, Bruxelles; GEORG, Genève; Max RUBE, Leipzig; FRANSCHE IMPORT BŒKHANDEL, Amsterdam.)

**1902.** — **La Prostitution réglementée et les Pouvoirs publics.** (*Belgique*, 1888; *Russie*, 1888-91; *France*, 1895-97; *Suisse*, 1888-96; in-8° de 400 pages, chez Félix ALCAN, 108, boulevard Saint-Germain et Bibliothèque du *Progrès médical*, Paris.)

**1907.** — **Le Délit pénal de contamination intersexuelle.** (In-18 de 264 pages, chez Félix ALCAN, Paris.)

---

IMPRIMERIE CHAIX, RUE BERGÈRE, 20, PARIS. — 5732-3-06.

Sous presse

# LA
# POLICE DES MŒURS

devant la

## Commission extra=parlementaire

## du Régime des Mœurs

chez Félix ALCAN

*108, boulevard Saint-Germain — Paris.*

---

## OUVRAGES DU MÊME AUTEUR :

**Histoire de la guerre civile de 1871** (Bibliothèque CHARPENTIER-FASQUELLE, un volume in-8°. Paris, 1879.)

**Les Maisons tolérées, leur fermeture.** (Un volume in-18, chez Victor MASSON, éditeur, 1892, 2e tirage, 1896.)

**La Prostitution cloîtrée.** (Étude de biologie sociale, un volume in-18, Félix ALCAN, Paris; H. LAMERTIN, éditeur, Bruxelles, 1902.)

**La Prostitution réglementée et les Pouvoirs publics.** (*Belgique, Russie, France, Suisse,* 1877-1896, un volume in-8°, 1902. Paris, chez Félix ALCAN, éditeur et bibliothèque du *Progrès médical.*)